Ralph Hoppe

Das unbekannte
Berlin

**Entdecken Sie die Schönheiten
und Geheimnisse der Stadt**

Ellert & Richter Verlag

Vorwort und Dank

Franz Hessel schrieb einmal: „Mit dem Herumlaufen allein ist es nicht getan". In Berlin kann
vom Herumlaufen reichlich Gebrauch gemacht
werden, aber was haben wir dann gesehen? An
wie vielem ist die eine oder der andere schon
vorbeigelaufen, ohne es recht zur Kenntnis zu
nehmen oder etwas darüber zu wissen? Deshalb möchte Ihnen dieses Buch mit sieben Spa-
ziergängen in bekannten und weniger bekannten Stadtteilen den Blick schärfen für die Viel-
fältigkeit und die Reize der Millionenmetropole
Berlin, für ihre Geschichte und Entwicklung,
ihre Wege und Abwege und für Personen, die
die Stadt prägten.

Die von der Fläche her größte Stadt Deutschlands hat logischerweise selbst für Berlinerin-
nen und Berliner viele unbekannte Seiten: stadt-
räumlich, historisch und lokalgeschichtlich.
Nicht nur in peripheren Bereichen der knapp
900 km² großen Metropole gibt es Neues und
Interessantes zu entdecken, auch im Zentrum
der Bundeshauptstadt soll der Blick vom
Gewohnten auf Unbekannteres gelenkt werden. Exemplarisch tauchen wir ein in wichtige
Phasen der älteren und vor allem jüngeren
Stadtgeschichte.

Was hat Berlin eigentlich zur Großstadt werden lassen und wie verlief die stadttopographische Entwicklung? Wo und wie lebten, arbeiteten und vergnügten sich die Hauptstädter und ihre Gäste? Und wie entwickelte sich der Ostteil im Zuge der Teilung Berlins? In den ausgewählten Streifzügen bewegen Sie sich auf mittelalterlichem Grund und Boden Berlins, in weniger bekannten Bereichen der Spandauer Vorstadt, auf einer Insel mitten in Schöneberg und in einem ehemaligen Sperrgebiet in Pankow, erkunden mit Hilfe der Straßenbahn ein Stück unbekanntes Ostberlin, um schlussendlich im Berliner Westen und einer Villenkolonie zu landen und vermeintlich vertraute Orte, Gebäude, Straßen und Plätze aus einem anderen Blickwinkel zu betrachten. Meine nun schon über zwanzigjährige Arbeit als Stadtführer hat die Arbeit am Buch wesentlich beeinflusst und erleichtert.

Für Anregungen und tatkräftige Unterstützung sei besonders gedankt: StattReisen Berlin, Elke Linda Buchholz, Monika Mews, Michael Bienert, Klaus Kowatsch und – zu guter Letzt – Kerstin Menz.

Zum Ursprung der Stadt
Spurensuche in Alt-Berlin

Es ist wahrlich nicht leicht, eine Vorstellung von der historischen Altstadt von Berlin zu bekommen, weil sie als Ganzes nicht mehr erlebbar ist. Um 1200 gab es an der Spree zwei Siedlungen, rechts das etwas größere Berlin und links das kleinere Cölln. Beide entwickelten sich zu Städten, hatten eigene Ortskerne, Kirchen, Rathäuser und Marktplätze. Die Doppelstadt wurde im 15. Jahrhundert Residenz der neuen Landesherren, der Hohenzollern, und diese errichteten auf der Cöllner Seite eine Burg, aus der sich später ein Schloss entwickelte. Nach dem Dreißigjährigen Krieg (1618–1648) wurde die Residenzstadt durch den Bau einer barocken Festungsanlage gesichert. Aber der Verteidigungsring um das damalige Stadtgebiet ließ wenig Entwicklungsspielraum, sodass bereits seit Ende des 17. Jahrhunderts vor den Wallanlagen neue Städte und Vorstädte wuchsen. Wie sollte jedoch die Fortifikation der Verteidigung dienen, wenn sie mitten im Stadtgebiet lag? Kurzum, sie wurde ab den 1730er Jahren wieder abgerissen.

Die **S-Bahn-Station Hackescher Markt (1)**, Ausgangspunkt unserer Spurensuche, ist ein sehenswerter Stadtbahnhof aus der Kaiserzeit und sein Namensgeber, der Hackesche Markt, ein sehr lebendiger Ort, wenn auch kein Stück unbekanntes Berlin mehr. Zunächst begeben

S-Bahnhof Hackescher Markt: Erbaut nach Plänen des Architekten Johannes Vollmer, steht der 1882 eröffnete Bahnhof entlang der Berliner Stadtbahn heute unter Denkmalschutz.

wir uns von dort zur Einmündung der Dircksenstraße, wo an einem Mast zwei wenig beachtete **Straßenschilder (2)** hängen: „An der Spandauer Brücke" und „Am Zwirngraben" ist dort zu lesen. Die Spandauer Brücke überspannte einst den barocken Festungsgraben, an dem eine Zwirnmühle stand. Der alte Graben existierte sogar noch bis in die 1870er Jahre und ist erst für den Bau der oberirdischen Stadtbahnstrecke, auf der heute die S-, Regional- und Fernbahnen fahren, zugeschüttet worden. Der S-Bahnhof Hackescher Markt stammt aus dem Eröffnungsjahr der Stadtbahn (1882) und ist mit seiner feinen Architekturgliederung aus Formsteinen, Rundfenstern und Terrakottamosaikplatten einer der schönsten Bahnhöfe der Innenstadt.

Weil es hier einmal ein Stadttor gab, Straßen und Wege sich kreuzten, entstand ein Handelsplatz: der Hackesche Markt, auf dem seit 2004 wieder Markttage abgehalten werden. Wenn wir nun von der S-Bahn-Trasse auf dem einstigen Festungsgraben entlang der Straße An der Spandauer Brücke laufen, dann bewegen wir uns auf das mittelalterliche Berlin zu.

Schon bald entdecken wir an der Spandauer Straße 1 einen kleinen gotischen Kapellenbau an der 1906 eröffneten **Handelshochschule Berlin**, die heute als Wirtschaftswissenschaftliche Fakultät zur Humboldt-Universität gehört. Die **Heilig-Geist-Kapelle (3)**, einzig erhaltener Teil des gleichnamigen Spitals und eines der ältesten Gebäude im historischen Stadtkern, wurde in den Neubau der Handelshochschule integriert und diente zeitweise als Hörsaal. Süd- und Ostfassade der Kapelle bilden seitdem eine Ecke des Hochschulgebäudes.

Im Mittelalter war das Heilig-Geist-Spital eins von insgesamt drei Hospitälern, aber das einzige „intra muros" – die anderen beiden lagen außerhalb der Stadtmauer. Ein Blickfang ist die straßenseitige Ostfassade der Heilig-Geist-Kapelle mit ihren schmalen Maßwerkfenstern, Blendnischen und dem abschließenden Schaugiebel. Im Inneren hat sich ein Sterngewölbe aus der Zeit um 1520 mit Resten vegetabiler Gewölbemalerei erhalten.

Die um 1300 errichtete Heilig-Geist-Kapelle an der Spandauer Straße ist eines der ältesten erhaltenen Gebäude Berlins. Die im Zweiten Weltkrieg unbeschädigt gebliebene Kapelle wurde 1978/79 sowie von 2003 bis 2005 umfassend renoviert und restauriert. Sie dient der Humboldt-Universität heute als Festsaal für besondere Anlässe.

Gleich benachbart lockt seit 2003 das **City-Quartier DomAquarée** neben dem üblichen Mix aus Büros, Hotel, Läden und Gastronomie mit einigen Attraktionen. Das bis zur Spree reichende neue Stadtquartier kokettiert mit dem Thema Wasser und führt es in die Gebäude hinein: Zum einen durch die Ausstellung „Sea Life" (Spandauer Straße 3) mit ihren Unterwasserwelten, zum anderen im Hotelatrium an der Karl-Liebknecht-Straße durch das größte zylindrische Salzwasseraquarium der Welt, durch das ein Fahrstuhl fährt. Am Spreeufer gibt es zudem ein interaktives **DDR Museum**, das einen Einblick in den sozialistischen Alltag vermittelt.

Ein Stück des Weges zurück biegen wir rechts in die **Rosenstraße** und gelangen von dort in die Heidereutergasse, eine wenig einladende Sack-

Die Synagoge der
Berliner Jüdischen
Gemeinde in der
Heidereutergasse,
an die heute nur
ein mit Steinen
markierter Um-
riss erinnert
(Aquatintazeich-
nung von Leo-
pold Ludwig
Müller aus dem
Jahr 1821). Links
die Innenansicht
der Synagoge um
1720 (Kupfer-
stich, gefertigt
von A. B. Goblin).

Das 1995 aufgestellte Frauenprotestdenkmal in der Grünanlage an der Rosenstraße, 1994 von Ingeborg Hunzinger (1915–2009) vollendet.

gasse. Dort entdecken wir einen Aufsteller mit dem Hinweis auf den ehemaligen Standort der 1714 eingeweihten **Alten Synagoge (4)**, von der im Rasen die Lage einer Gebäudeecke mit Steinen sichtbar gemacht wurde. Die Heidereutergasse war ursprünglich keine Sackgasse, sondern verlief weiter bis zur Spandauer Straße und direkt auf die Heilig-Geist-Kapelle zu. Die Neugestaltung des kriegszerstörten Stadtzentrums führte in den späten 1960er Jahren zur Errichtung des den Blick und den Weg versperrenden Wohnblocks, hinter dem ein **Denkmal (5)** steht, das an deutsch-jüdische Geschichte in der NS-Zeit erinnert. Nach der sogenannten Fabrikaktion zur „Entjudung" Berlins Ende Februar 1943 demonstrierten in der Rosenstraße nichtjüdische Ehefrauen gegen die Inhaftierung ihrer jüdischen Männer, um deren Deportation zu verhindern – damals ein beispielloser Vorgang im öffent-

lichen Raum. Die Bildhauerin Ingeborg Hun-
zinger begann kurz vor Ende der DDR mit der
Arbeit an dem „Block der Frauen", eine mehr-
teilige Skulptur, die 1995 eingeweiht wurde.
Nach dem Überqueren der Karl-Liebknecht-
Straße betreten wir den mittelalterlichen Kern
Berlins. Links vom Turmeingang der im 13.
Jahrhundert erbauten **Marienkirche (6)** steht ein
kleines unscheinbares Steinkreuz. Es erinnert
an den 1324 ermordeten Propst Nikolaus von
Bernau, der als Vertreter des Papstes Opfer

Die vor allem
durch die Bau-
gestaltung des
15. Jahrhunderts
geprägte Marien-
kirche. Im Vor-
dergrund der
beliebte Touris-
tentreff des 1891
ausgeführten
Neptunbrunnens
von Reinhold
Begas, ursprüng-
lich südlich des
Schlosses.

aufgebrachter Bürger wurde. Die Stadt traf daraufhin der päpstliche Bann.

So verloren wie das Sühnekreuz steht die ganze Marienkirche, die einzige noch als Gotteshaus genutzte mittelalterliche Kirche von Alt-Berlin, zwischen den Zeugnissen der DDR-Stadtplanung rund um den 1969 eingeweihten Fernsehturm. Die 1292 erstmals erwähnte Marienkirche war Mittelpunkt der ersten großen Erweiterung Berlins, der Neustadt mit dem Neuen Markt, die beide im Zweiten Weltkrieg vollständig ausgelöscht wurden. Auf der Nordseite der Kirche finden wir das heute fast vergessene Standbild Martin Luthers, welches Bestandteil des ursprünglich 1893 aufgestellten mehrfigurigen Denkmals auf dem Neuen Markt war – ein weiteres Beispiel für den immensen Verlust an historischer Substanz. Umso beeindruckender wirkt das Innere der Kirche mit der prächtigen **Barockkanzel** von Andreas Schlüter und einem mittelalterlichen Bildfries im Turm: Der **Totentanz** ist vermutlich kurz nach einer 1484 grassierenden Pestepidemie entstanden und nicht nur ein bedeutendes bildkünstlerisches Zeugnis des Leidens und der Bitte des Aufschubs vor dem Tod, sondern durch die erläuternden Verse zugleich auch die älteste Dichtung Berlins. Im Zuge der Reformation übertüncht, konnte der Totentanz erst 1861 wieder freigelegt werden.

Ausschnitt vom Fries am Roten Rathaus an der Spandauer Straße: in der Mitte König Friedrich Wilhelm IV., links der Architekt Friedrich August Stüler, daneben Alexander von Humboldt, rechts der Bildhauer Christian Daniel Rauch, daneben der Maler Peter von Cornelius und die Gebrüder Grimm.

Ein weiterer Solitär unweit der Marienkirche ist das nach dem Vorbild italienischer Stadtpaläste entworfene **Rote Rathaus (7)**. Wie die Kirche war es bis zum Zweiten Weltkrieg von vielen kleineren Häusern umgeben. Um das 1869 kurz vor der Reichsgründung fertiggestellte und nach der Farbe seiner Fassade benannte Rathaus, Sitz des Regierenden Bürgermeisters und des Senats, läuft ein wenig beachteter Relieffries. Er beginnt links an der Gustav-Böß-Straße mit einer Christianisierungsszene. Die Erzählung der Landes- und Stadtgeschichte, die gegen den Uhrzeigersinn läuft, endet nach 36 Reliefs an der Spandauer Straße mit der Darstellung der Reichsgründung: An einem Tisch prosten sich ein Bayer, ein Sachse und ein Preuße zu. Obwohl der Rathausbau als „ein Denkmal der selbständigen Kraft des Bürgertums" aufgefasst werden sollte, wird anhand der bildlichen Darstellun-

Der markante
Turm des Ber-
liner Rathauses
von 1869, foto-
grafiert durch die
Wasserspiele des
Neptunbrunnens.
Der Frauenkopf
gehört zur Perso-
nifikation des
Flusses Oder.

gen klar, wie stark die Landesherren die
Geschicke der Stadt beeinflussten. Der Bildfries verweist auf die Annahme der Reformation im Jahr 1539, die Aufnahme der hugenot-
tischen Glaubensflüchtlinge 1685, die Gründung der Akademien der Künste und der
Wissenschaften, die preußischen Reformen
unter Karl Reichsfreiherr vom und zum Stein
und Karl August Freiherr von Hardenberg
und die Befreiungskriege gegen die napoleoni-
sche Fremdherrschaft im frühen 19. Jahrhundert, bis hin zur Reichsgründung von 1871,
wodurch Berlin zur Reichshauptstadt aufstieg.
So wird eher brandenburgische und preußische Geschichte erzählt als rein städtische,
und es sind weit über die Stadt hinaus wirken-
de Persönlichkeiten verewigt wie der Turn-

vater Jahn, der Komponist Felix Mendels-
sohn-Bartholdy, die Gelehrten Alexander von
Humboldt und Georg Wilhelm Friedrich
Hegel und die Gebrüder Grimm.

Im bis zur 750-Jahr-Feier 1987 wieder aufgebauten Nikolaiviertel, dem Ursprung Berlins,
gibt es über den Arkaden an der Ecke Rat-
haus- und Poststraße eine Fortsetzung der
„Steinernen Chronik" vom Roten Rathaus.
Sechs Relieftafeln aus Betonwerkstein bebil-
dern aus sozialistischer Perspektive die
Geschichte von der Gründung der Kommunis-
tischen Partei Deutschlands (KPD) 1919 bis
zum Stadtjubiläum 1987. Die Grünanlage jenseits der Rathausstraße ist ideologisch mit
dem 1986 eingeweihten Marx-Engels-Forum
überfrachtet. Ihm gegenüber, am anderen Ufer
der Spree, wird das viel diskutierte neue Berliner Schloss (Humboldt-Forum) entstehen.

Um noch etwas vom Vorgängerbau des Roten
Rathauses zu sehen, biegen wir in die Poststraße ein. Hier steht eine als Restaurant genutzte
Kopie der mittelalterlichen **Gerichtslaube (8)**, in
der Recht gesprochen wurde. Als das Original
wegen der Straßenverbreiterung am Rathaus-
neubau im 19. Jahrhundert weichen musste,
wurde es im Babelsberger Schlosspark wieder
aufgebaut und ist dort heute noch zu finden.
Die spitzbogigen Fenster im Erdgeschoss der
Gerichtslaube müssen wir uns ursprünglich

Der Nachbau der mittelalterlichen Gerichtslaube in der Poststraße wurde zum 750-jährigen Stadtjubiläum 1987 fertiggestellt und wird heute als Restaurant genutzt. Im Hintergrund die nicht-mittelalterliche Doppelturmfassade der Nikolaikirche.

offen vorstellen. An der rechten Gebäudeecke befindet sich am Strebepfeiler die Skulptur des sogenannten „Kaak", ein Vogelwesen mit menschlichem Kopf und Eselsohren. Das war ein Sinnbild für Schimpf und Schande, denen ein Verurteilter preisgegeben wurde.

Die **Nikolaikirche (9)**, die dem Nikolaiviertel seinen Namen gab, ist das älteste Bauwerk Berlins. Der heilige Nikolaus war im Mittelalter der Schutzheilige der Kaufleute und Berlin eine Handelsstadt. Seit der Kriegszerstörung und dem Wiederaufbau dient die Nikolaikirche nicht mehr als Gotteshaus, sondern als Museum und Konzertraum. Rechter Hand steht auf einer kleinen Grünanlage eine **Bronzefigur (10a)** mit merkwürdiger Armhaltung, ihr rechtes Knie auf einen Harnisch gestützt: Clio,

die Muse der Geschichtsschreibung, stammt vom zerstörten Reiterdenkmal Friedrich Wilhelms III. im Lustgarten. Auf der anderen Seite der Kirche befindet sich eine zweite **Sockelfigur (10b)** vom Reiterdenkmal, die einen sitzenden Mann mit aufgeschlagenem Buch und Globus zeigt, der die Allegorie der Wissenschaften verkörpern soll.

„Ein Häuschen, wie aus einer Kleinstadt geholt, mit spitzem Giebel nach der Straße gestellt. Beschattet von einem alten Nussbaum" – so beschrieb der Grafiker und Zeichner Heinrich Zille das Lokal **Zum Nussbaum (11)**. Zille verkehrte ab 1906 als Stammgast in dem Lokal, das sich damals noch nicht neben der Nikolaikirche, sondern ganz woanders befand, in Alt-Cölln, auf der anderen Seite der

Die Bronzefigur der Clio steht in einer kleinen Grünanlage südlich der Nikolaikirche.

Auf der Nordseite der Nikolaikirche befindet sich die Bronzefigur der Allegorie der Wissenschaften, rechts dahinter der Nachbau des berühmten Lokals „Zum Nussbaum" an der Propststraße, in dem Heinrich Zille Stammgast war.

Spree. Es war keine Touristenattraktion: „Mädchen, mit kurzgeschnittenen Haaren, aus der Strafanstalt entlassen, schlürfen im wilden Tanz Freiheit und Schnaps. Bleiche Männer, scheublickend, unterernährt, Schädel und Wangen rasiert, lassen sich hier wieder ‚Herr' nennen." Zille war nicht nur „Milljöh"-Maler, sondern wollte aufrütteln und soziale Missstände aufzeigen, die Schattenseiten der wachsenden Großstadt. Dagegen ist das Nikolaiviertel eine lupenreine Stadtkulisse für Touristen. Wenn Sie mehr vom Meister sehen wollen, gehen Sie ins nahe Zille Museum, das – Ironie der Geschichte – in einem edlen DDR-Plattenbau residiert (Propststraße 11).

Die Verkehrskreuzung am Molkenmarkt auf der anderen Seite der Nikolaikirche lässt nicht

erahnen, dass dort im Mittelalter der älteste Marktplatz Berlins lag. Es fällt besonders das **Alte Stadthaus (12)** mit seinem hohen Rundturm auf, das vor dem Ersten Weltkrieg als Erweiterungsbau des Roten Rathauses errichtet wurde und in dem heute die Senatsverwaltung für Inneres und Sport untergebracht ist. Entlang der zu DDR-Zeiten auf acht Fahrspuren erweiterten Grunerstraße laufen wir zum Ruinenrest der **Klosterkirche (13)** an der Klosterstraße. Hier baute im 13. Jahrhundert der Franziskanerorden am damaligen Stadtrand seine Berlin-Niederlassung, und zwar erstmalig im Stadtbild mit Ziegelsteinen. Aus dem im 16. Jahrhundert säkularisierten Kloster wurde die erste höhere Bildungseinrichtung Berlins, das Gymnasium zum Grauen Kloster, an dem

Blick vom Fernsehturm auf die gesicherte Ruine der im 13. Jahrhundert aus Ziegelsteinen errichteten Klosterkirche der Franziskaner. Auf der Grünfläche davor befand sich ehemals das Gymnasium zum Grauen Kloster.

Reste der aus dem späten 13. Jahrhundert stammenden Stadtmauer an der Waisenstraße. Im Erdreich stecken noch circa zwei Meter davon, da das mittelalterliche Bodenniveau tiefer lag.

auch Karl Friedrich Schinkel und Otto von Bismarck lernten. Der Anspruch der Schlichtheit und Einfachheit des Bettelordens lässt sich selbst noch an der Ruine der Klosterkirche ablesen.

An der Waisenstraße entdecken wir einen Rest der **mittelalterlichen Stadtmauer (14)**, ursprünglich aus Feldsteinen errichtet, später mit Ziegeln ergänzt und ausgebessert. Sie diente seit dem 17. Jahrhundert als Rückwand für Häuserbauten und wurde erst durch den Zweiten Weltkrieg wieder freigelegt. An der Waisenstraße 14 steht das Alt-Berliner Lokal **Zur letzten Instanz (15)**, so genannt wegen seiner Nähe zum imposanten kaiserzeitlichen **Gerichtsgebäude an der Littenstraße (16)**, und bietet einen Eindruck von der einst kleinteiligen

Wohnhausbebauung im alten Klosterviertel. Von der Waisenstraße biegen wir nun in die Parochialstraße, um dort an der barocken **Parochialkirche (17)** in die **U-Bahn-Station Kloster-straße** hinabzusteigen. Deren Zwischenge-schoss ist mit Fliesen ausgekleidet, die nach dem Vorbild der babylonischen Thronsaal-fassade aus dem Pergamonmuseum gestaltet wurden. Dass hier wegen der Nachbarschaft zum Rathaus und Stadthaus ein größerer Ver-kehrsknotenpunkt entstehen sollte, können wir an den gemalten Stadtansichten im Zwi-schengeschoss am Ausgang zur Stralauer Stra-ße erkennen. Sie stammen aus der Zeit vor dem Ersten Weltkrieg und zeigen damals geplante Berliner Stadtteile. Die Bahnsteig-ebene bietet Platz für ein drittes Gleis, das nie

Das zwischen 1896 und 1905 nach einem Entwurf von Paul Thoemer von Mönnich und Schmalz erbaute Land- und Amts-gericht I an der Littenstraße 12–17, heute Landgericht des Bundeslands Berlin.

Im Zwischengeschoss der U-Bahn-Station Klosterstraße, Ausgang Stralauer Straße, ist der von Alfred Grenander entworfene prächtige Wand- und Deckenschmuck aus farbigen Majoliken zu sehen, die nach dem Vorbild der Thronsaalfassade von Babylon (um 580 v. Chr.) gestaltet wurden (Originale im Pergamonmuseum).

verlegt wurde, die Bahnsteigkanten sind aber noch zu sehen. Daher ist dort ein historischer U-Bahn-Waggon ausgestellt.

Um von diesem Museumsbahnhof ins Stadtmuseum zu gelangen, fahren wir eine Station weiter unter der Spree hindurch Richtung Ruhleben – oberirdisch müssten wir einen großen Umweg zurücklegen – zum **Bahnhof Märkisches Museum**. Er empfängt uns mit steinernen Karten zur Stadtentwicklung und mit Stuckreliefs an den Wänden, die auf das Schaffen bedeutender Künstler in Berlin hinweisen.

Über dem U-Bahnhof verläuft die Wallstraße, wir haben also, vom Hackeschen Markt kommend, die barocke Festung Berlin einmal in Nord-Süd-Richtung durchquert und sind wie-

der im Bereich der einstigen Bastionen ange-
langt. Über die Inselstraße erreichen wir den
Historischen Hafen (18) am Märkischen Ufer,
wo Lastkähne, Stoßboote, alte Dampfer und
ein Ausstellungskahn vor Anker liegen. Vom
Ufer aus sehen wir stromabwärts die **Mühlen-
dammschleuse (19)** und **Mühlendammbrücke**. Im
Mittelalter existierte an dieser Stelle der erste
befestigte Spreeübergang Berlins, und der
Mühlendamm war zugleich Wehr und Müh-
lenstau. Die hier betriebenen und 1285 in
einer markgräflichen Urkunde erstmalig
erwähnten Wassermühlen gehörten zu den
ältesten Anlagen der Stadt. Rechts von der
Mühlendammbrücke liegt das Altstadtgebiet
Berlins, wo sich die Doppelturmspitzen der
Nikolaikirche, die Türme vom Roten Rathaus

Blick strom-
abwärts entlang
des Nebenarms
der Spree mit
dem Historischen
Hafen, rechts
Hochhäuser der
Fischerinsel (ehe-
mals Alt-Cölln),
links vorwiegend
aus dem 18.
und 19. Jahrhun-
dert stammende
Mietshäuser am
Märkischen Ufer.

Der mächtige, nach dem Vorbild des Bergfrieds der Bischofsburg in Wittstock (Brandenburg) gestaltete Turm des 1908 eröffneten Märkischen Museums.

und Alten Stadthaus sowie der Fernsehturm erheben. Links lag die Berliner Schwesterstadt Cölln, jetzt markiert durch dominante DDR-Hochhäuser auf der Fischerinsel, dem südlichen Teil der Spreeinsel. Hier stand auch die Kneipe „Zum Nussbaum".

Folgen wir der Straße Märkisches Ufer spreeaufwärts, öffnet sich die Uferbebauung zum **Märkischen Museum (20)**, das 1908 eingeweiht wurde. Das Haupthaus der Stiftung Stadtmuseum präsentiert die Geschichte der Stadt seit ihren Anfängen: archäologische Funde, Ritterrüstungen, Musikautomaten, Kostüme, Interieurs sowie eine erstklassige Sammlung von Großstadtmalerei des 20. Jahrhunderts. Das burgähnliche Gebäude ist eine Reminiszenz an die Backsteingotik und die Renais-

Porträt des be-
rühmten Zeich-
ners Heinrich
Zille (1858–
1929) um 1920,
der sein „Mill-
jöh" in den Stra-
ßen, Hinterhöfen
und Kneipen der
Berliner Arbeiter-
viertel fand.

sancearchitektur der Region. Über einem hierher versetzten Rest der Berliner Mauer mit
dem bunten „Königskopf" des Mauermalers
Kiddy Citny erkennen wir an der Museums-
fassade eine Kopie des Schaugiebels der
Fronleichnamskapelle der Katharinenkirche in
Brandenburg.

Hinter dem Museum liegt der **Köllnische Park
(21)**. Dort stehen unter anderem ein **Zille-Denk-
mal** und der **Bärenzwinger**, gegen den Tierschüt-
zer regelmäßig Protest laufen. Das frühere

Straßenreinigungsdepot ist für sie kein Ort einer artgerechten Bärenhaltung, aber bei Kindern beliebt, weil sie dort das Berliner Wappentier seit 1939 in natura beobachten können. Schon das älteste Stadtsiegel vom 22. März 1280 zeigte einen Bären.

Auf grüner Wiese fällt noch eine Großplastik auf, die den mit dem Nemeischen Löwen kämpfenden Herkules zeigt. Sie stammt von einer Brücke, die den Festungsgraben am Hackeschen Markt überspannte, dort, wo unser Streifzug in die ferne Vergangenheit begann.

Das falsche Scheunenviertel
Die Spandauer Vorstadt

„Proletarische Schnellbahn" nannte der Fla-
neur Siegfried Kracauer 1930 die neu eröffnete U-Bahn-Linie 8. Sie führte damals „mitten
durchs Stadtzentrum aus Proletarvierteln in
Proletarviertel, von Fabriken zu Fabriken"
und streifte in der Nähe des Alexanderplatzes
mit dem Scheunenviertel eine der verrufensten
Gegenden der Stadt. Für die gefliesten Bahnhöfe im nüchternen Zeitstil der „Neuen Sach-
lichkeit" hatte der schwedische Architekt
Alfred Grenander (1863–1931) das Prinzip
der „Kennfarbe" entwickelt. Jede U-Bahn-Station sollte sich durch eine markante Farbe
deutlich von ihren Nachbarbahnhöfen unter-
scheiden. Im **U-Bahnhof Weinmeisterstraße (1)** ist
es Hellblau.

Nach dem Bau der Berliner Mauer verkehrten
zwar noch Züge auf der U-Bahn-Linie 8, aber
ohne an den Stationen unter Ostberlin zu halten. Nicht nur die Ein- und Ausgänge des
„Geisterbahnhofs" Weinmeisterstraße ver-
schwanden, auch auf Stadtplänen der „Hauptstadt der DDR" existierten weder U-Bahn-
Linie noch -Station. Erst am 1. Juli 1990, dem
Tag der Einführung der D-Mark in der DDR,
ist der U-Bahnhof Weinmeisterstraße wiedereröffnet worden. Wir verlassen ihn in Richtung
Neue Schönhauser Straße.

Auffällig ist ein scheinbar unmotivierter Knick
in der Mitte des Straßenzugs, der Abdruck

von zwei Vorbastionen der barocken Festungsanlage, die hier einen Winkel bildeten (siehe auch S. 8–9). Wir befinden uns in der Spandauer Vorstadt, die nach 1700 vor der Festung entstand. Von hier führte ein Weg zur Stadt Spandau, die 1920 als Berliner Stadtbezirk eingemeindet wurde. Was wir im Folgenden durchstreifen, ist übrigens nicht das mythenbehaftete Scheunenviertel, das nach einer Feuerordnung von 1672 entstand. Aus feuerpolizeilichen Gründen sollten alle leicht brennbaren landwirtschaftlichen Produkte der Berliner Ackerbürger außerhalb der damaligen Stadtgrenze gelagert werden. Die gemeinschaftlich genutzten Scheunen befanden sich am heutigen Rosa-Luxemburg-Platz. In der zweiten Hälfte des 19. Jahrhunderts – die Scheunen waren längst verschwunden – war der Name Scheunenviertel negativ besetzt: Kleinkriminelle, Prostituierte und eingewanderte osteuropäische Juden bevölkerten es. Nach 1990 wurde der Begriff in den Medien unzutreffenderweise für die Gegend um den Hackeschen Markt und die Oranienburger Straße gebraucht. Wenn Sie so wollen, betreten wir nun das „falsche" Scheunenviertel.

Das mit roten Klinkern verblendete Eckhaus an der Münz- und Neuen Schönhauser Straße entstand von 1891 bis 1893 in einer Zeit, als die alte Stadtmitte zur repräsentativen City umgebaut wurde. Seine Fassade in Formen der deutschen Renaissance unterscheidet sich von der eher nüchternen des benachbarten Hauses **Neue Schönhauser Straße 20 (2)**, in dem sich heute das **Goethe-Institut** befindet. Das Gebäude wurde 1912 als reiner Gewerbekomplex erbaut. Wenn wir durch den Torbogen in die beiden Hinterhöfe treten, sehen wir, dass diese rundum mit Kacheln verkleidet sind. Zusammen mit den großen Fenstern ist dies immer ein Indiz für jene Bereiche, in denen gearbeitet wurde. Im Nachbarhof finden wir normale Wohnfenster und eine verputzte weiße Fassade vor. Doch auch in dieser Hofanlage gab es Arbeitsbereiche. Erkennbar ist dies an den am Hauseingang rechts und links abgeschrägten oder abgerundeten Prellsteinen, die Pferdefuhrwerke oder motorisierte Wagen zwingen sollten, gerade auf die Hinterhöfe zu fahren, ohne Ecken und Durchgänge zu beschädigen. Wenn wir zur Straße zurückkehren, sehen wir diese Steine nicht nur am Eingang zur Nr. 19, sondern entlang der gesamten Durchfahrt. Die Wagen mussten nämlich einen langen Weg bis zum letzten Hof zurücklegen, auf dem gearbeitet wurde. Der vordere Bereich diente dem Wohnen, so war es üblich. Das Nachbarhaus mit der Nummer 17/18 ist ein DDR-Plattenbau. In den 1980er Jahren begann auch in der Spandauer Vorstadt das

Das von Alfred Messel entworfene und 1890 erbaute Volkskaffeehaus in der Neuen Schönhauser Straße 13. Die karitative Volks-Kaffee- und Speise-Hallen-Gesellschaft richtete darin Speisesäle für weniger Bemittelte ein. Heute befindet sich in dem denkmalgeschützten Gebäude unter anderem ein angesagter Modeladen.

innerstädtische Bauen mit Betonplatten, um Häuserlücken zu schließen, zugleich ein neuer Umgang mit der Berliner Altstadt. Die Plattenbauten wurden dem Maßstab der älteren Wohn- und Gewerbehäuser angepasst. Sie bekamen im Erdgeschoss eine Ladenzone, an der Fassade Erker, und die Dächer waren nicht flach, sondern mit Ziegeln gedeckt. An der Straßenkreuzung am U-Bahnhof Weinmeisterstraße stehen weitere dieser DDR-Relikte. Die Vielzahl an Boutiquen, hippen Läden und Gastronomie, die uns auch nachfolgend begleiten werden, lockt vor allem jüngeres, internationales Publikum in ein bis zum Mauerfall ziemlich totes Viertel.

Zwischen dem ersten und zweiten Obergeschoss des Hauses **Neue Schönhauser Straße 13 (3)** ist inmitten einer floralen Fassadenmalerei eine Inschrift zu lesen: Volks-Kaffee- und Speise-Hallen-Gesellschaft. Zweck der Gesellschaft war der Kampf gegen übermäßigen Alkoholgenuss. In ihren Lokalen gab es keinen Schnaps, dafür preiswertes Essen. Da die üblichen Kneipen auch Versammlungs- und Agitationsorte der Sozialdemokraten waren, haftete den Volkskaffeehäusern etwas Anti-Sozialdemokratisches an: Hier blieb die Politik außen vor. Die Kaffee- und Speisehalle für Geringverdiener befand sich im Erdgeschoss des Vorderhauses und im Seitenflügel, der Betrieb erfolgte hübsch getrennt nach Geschlechtern. Wir erkennen das an den zwei gleich großen Fensterbögen mit Türen, die links in einen kleineren Raum für Frauen und rechts in einen größeren für Männer führten. Der in der Gegend verbreiteten Prostitution sollte kein Vorschub geleistet werden. Über den kleineren Torbogen konnte auf dem Hinterhof auch eine Lesehalle aufgesucht werden, denn Ende des 19. Jahrhunderts gab es so gut wie keine öffentlichen Bibliotheken. Alfred Messel, einer der modernsten Architekten der Kaiserzeit, ließ sich bei der Fassadengestaltung von der deutschen Neorenaissance beeinflussen, doch er verzichtete auf übermäßige Dekoration und strebte eine Ausgewogenheit von Innen und Außen an. Am Giebel des Erkers ist die Erbauungszeit 1890 abzulesen, zugleich auch das Jahr der Eröffnung des Volkskaffeehauses.

Interessante Spuren bewahrt auch das **Eckhaus Neue Schönhauser** und **Rosenthaler Straße (4)**. In der Tordurchfahrt Nr. 10 entdecken wir neben den schon bekannten Prellsteinen auch Metallschienen, die die Wagen in der Spur halten sollten. Links an der Wand ist ein Teil der dekorativen Originalbemalung freigelegt und als Vorlage für die Wiederherstellung des ornamentalen Frieses verwendet worden. Die Hausfassade wurde in den 1920er Jahren dem Zeitgeschmack angepasst und in gelbe und weinrote Streifen gegliedert. Zu DDR-Zeiten platzte ein Teil davon ab und gab den Blick auf die Eckabrundung von 1887 frei. Aus dieser Zeit stammt auch noch die Einrichtung der Berlin-Apotheke im Erdgeschoss, in der die alten Wandschränke, der Tresen und ein Gemälde in der Holzdecke einen Blick lohnen.

Die Straßenecke schräg gegenüber – **Rosenthaler und Sophienstraße (5)** – beherrscht eine großflächige moderne Fassade, aber das Gebäude dahinter ist schon über hundert Jahre alt. Der heutige Sitz des AOK-Bundesverbandes war einmal ein Warenhaus der **Firma Wertheim**, die aus Stralsund stammte. Am 1. Oktober 1885 eröffnete Georg Wertheim in der Rosenthaler Straße sein erstes Berliner Geschäft für Manufaktur- und Modewaren. Er kaufte später die Nachbargrundstücke dazu und errichtete hier 1903 ein weiteres

Warenhaus seiner Kette. Architekt war Alfred
Messel, der auch schon das Volkskaffeehaus
an der Neuen Schönhauser Straße entworfen
hatte und durch seine Wertheim-Bauten zum
bedeutendsten Warenhausarchitekten der Kaiserzeit aufstieg. Wenn Sie an die alten Pfeiler
des Erdgeschosses treten, erkennen Sie kopf-
lose, antik gewandete Figuren – zu DDR-Zeiten wurde ihr oberer Teil wegen der Neu-
verkleidung abgeschlagen. Die merkwürdig
getreppten schmalen Fensterchen der histori-

Der erste der
acht Hackeschen
Höfe wird nach
seinem Gestalter
auch „Endell'scher
Hof" genannt.
Die 1906/07
von dem Berliner
Architekten
August Endell
entworfenen Fas-
saden wurden
1996 restauriert.

schen Fassade an der Ecke Rosenthaler und Sophienstraße verweisen auf eines der Wertheim-Treppenhäuser.

Sehen wir uns eine viel ältere Treppenanlage aus dem späten 18. Jahrhundert in der **Rosenthaler Straße 36 (6)** an. Hinter dem Torbogen windet sie sich wie eine ovale Schnecke empor. Das Originalgeländer und der hölzerne Handlauf stammen aus spätbarocker Zeit. Nach den bis 2002 dauernden Umbauten des Gebäudekomplexes stoßen nun Alt und Neu kontrastreich aufeinander. Fein geästelter Zierrat mit Metallkugeln an Fenstern, Türen und Balkongittern und moderne Strahler prägen die mit Läden und Gastronomie eingerichtete Passage, die nur aus einem Hof besteht und dennoch „Rosenhöfe" heißt. Über sie erreichen wir den rückwärtigen Hof VI der 1906/07 gebauten **Hackeschen Höfe (7)**. Der Wohn- und Gewerbehofkomplex, der aus insgesamt acht unterschiedlich großen Höfen besteht, ist der größte seiner Art in Deutschland. Bis in die hintersten Höfe VII und VIII hat er Außergewöhnliches und Überraschendes zu bieten, wie den Hofladen einer Süßwaren- und Schokoladenfabrik oder das Geschäft einer Firma, die Repliken von Wand- und Bodenfliesen herstellt.

Wir verlassen den Hofkomplex, an dessen Ausgang sich eine verwaschene alte Inschrift

„Zum Schultheiss" entziffern lässt, Richtung **Sophienstraße**. Vis-à-vis steht der schon erwähnte Rest des Wertheim-Warenhauses, der links an eine Brandmauer mit DDR-Wandmalerei stößt. Unter dem Motto „Handwerk & Tradition" wurde die Sanierung der Straße zur 750-Jahr-Feier Berlins im Jahr 1987 eingeleitet. Kleine Läden und Lokale kehrten zurück, auch durch ihre Farbigkeit hob sich die von Kriegszerstörungen verschonte Sophienstraße wohltuend vom Grau ihrer Umgebung ab – ein Stück Stadtromantik à la DDR und ein Vorgeschmack auf die touristische Wiederentdeckung der ganzen Spandauer Vorstadt seit dem Mauerfall.

Auffällig mit Terrakotta geschmückt ist der nach Verlassen der Hackeschen Höfe links

Die Sophienstraße, deren Bebauung aus dem 18. Jahrhundert nahezu vollständig erhalten ist, grenzt an den Kirchhof der Sophienkirche. In der 1712/13 erbauten Kirche mit dem einzigen erhaltenen barocken Kirchturm Berlins werden regelmäßig Führungen angeboten.

Barcomi's Deli im zweiten Hof der Sophie-Gips-Höfe. Das Ehepaar Hoffmann ließ den Gebäudekomplex zwischen Sophien- und Gipsstraße 1994–1997 aufwendig sanieren und richtete hier auch seine Sammlung zeitgenössischer Kunst ein.

gelegene Eingang zur **Sophienstraße 18 (8)**. Zwischen den Bögen der zweischiffigen Durchfahrt zum ersten Hof sind in einem Rundmedaillon zwei verschlungene Hände zu sehen, die ein wenig an das Parteiabzeichen der SED erinnern. Sie verweisen auf den 1844 gegründeten „Berliner Handwerkerverein" und symbolisierten die gegenseitige Unterstützung der Vereinsmitglieder und ihrer Angehörigen. Im großen Versammlungssaal, der sich zu einem politischen Veranstaltungsort der Linken entwickelte (wie eine aus der DDR stammende Gedenktafel erklärt), fanden vor hundert Jahren auch schon Theateraufführungen statt. Heute wird er ausschließlich als Theaterspielstätte genutzt. Die „Sophiensaele" stehen vor allem freien Theatergruppen offen.

Wer den etwas unscheinbaren Eingang zur **Sophienstraße 21 (9)** benutzt, steht in den **Sophie-Gips-Höfen**, einer Passage zur Gipsstraße, die mit einem Neubau samt Tiefgarage abschließt. Das Ehepaar Erika und Rolf Hoffmann erwarb Mitte der 1990er Jahre den Gewerbekomplex und richtete in der ehemaligen Nähmaschinenfabrik eine Privatsammlung zeitgenössischer Kunst ein, die samstags öffentlich zugänglich ist.

Ohne Anmeldung können Sie sich jederzeit die Kunstwerke entlang der Passage ansehen, im 1. Hof das Textprojekt „Wunsch und Wille (entweder/oder)" von Thomas Locher und in den Hofdurchgängen die unübersehbare Leuchtstofflampen-Installation der Berliner Künstlerin Gunda Förster. Die **Sammlung Hoffmann** ist damit Bestandteil der lebendigen Kunstszene der Spandauer Vorstadt. Sie werden dort an diversen Galerien vorbeikommen, und wenn Sie etwas Interessantes entdecken, dann gehen Sie doch einfach hinein.

Die enge Sophienstraße weitet sich am Friedhof, der leider nicht von hier aus zu betreten ist, um die 1713 eingeweihte **Sophienkirche (10)**. Sie entstand als zunächst turmlose Pfarrkirche für die Spandauer Vorstadt, unterstützt von Königin Sophie Luise, die das Patronat übernahm. An der rechten Außenwand ist ein graues Epitaph angebracht, zur Erinnerung an die 1791 verstorbene Anna Louisa Karsch, eine der ersten deutschen Berufsschriftstellerinnen: „Kennst Du Wanderer sie nicht, so lerne sie kennen". Sie schrieb Lobgedichte auf Friedrich den Großen, aber erst dessen Nachfolger schenkte ihr ein Haus am Hackeschen Markt.

Die Sophienstraße bot auf den schmalen Bürgersteigen keine Möglichkeit zur Aufstellung von Straßenlaternen, deshalb wurden sie an die Häuserfassaden montiert. Ein kunstvolles Beispiel befindet sich am Haus **Sophienstraße 28/29**. In die dreieckige Lampenhalterung ist zur Stabilisierung ein Greif eingearbeitet worden. Die Stabilität war auch vonnöten, um die Leiter für den Gaslaternenanzünder aufhängen zu können.

Beim Einbiegen in die Große Hamburger Straße fällt linker Hand ein großer roter Gebäudekomplex auf, der in den 1850er Jahren für das erste katholische Krankenhaus Berlins seit der Reformation errichtet wurde. Das renommierte **St. Hedwig-Krankenhaus (11)** ist heute auch Akademisches Lehrkrankenhaus der Charité. Über der Toreinfahrt der Nr. 5 steht „St. Hedwigs-Hospital" in Stein gemeißelt, ein Hinweis auf eine bauliche Erweiterung des Krankenhauses von 1888: Im sogenannten Elisabeth-Haus konnten pflegebedürftige alte Menschen (Hospitaliten) versorgt werden.

Auf der Grünanlage des Koppenplatzes steht die 1996 eingeweihte Skulptur „Verlassener Raum" von Eva Butzmann und Karl Biedermann. Das der Judenverfolgung gewidmete Denkmal steht für gewaltsame Vertreibung und Deportation.

Am nördlichen Ende der Großen Hamburger Straße stoßen wir auf den **Koppenplatz**, benannt nach dem sozial engagierten Berliner Christian Koppe. Er überließ im Jahr 1704 der Stadt das Areal zur Anlage eines Armenfriedhofs, auf dem auch Unfallopfer und Selbstmörder beerdigt wurden und – auf eigenen Wunsch – Koppe selbst sowie seine Familie. Nach der Auflassung des Friedhofs 1853 gestaltete der Schinkelschüler Friedrich August Stüler (1800–1865) im Auftrag der

Stadt ein Denkmal für den Stifter. Der Porti-
kus mit seinen vier korinthischen Säulen
ähnelt einem Wandgrab. Die giftgrüne Pumpe,
die dicht davor steht, ist um einiges jünger und
erst nach der Durchlegung der Straße über den
Friedhof aufgestellt worden: ein selten gewor-
denes Stück Straßenmöbel aus einer Zeit, als
noch keine Wasserleitungen in die Häuser verlegt waren und das verbrauchte Wasser ohne
Kanalisation in der Gosse landete.

Als letzter Bau am neu angelegten Koppenplatz entstand bis 1907 die **1. Gemeindeschule
(12)**, ein nüchterner Zweckbau, der von einem
Dachreiter mit Schuluhr bekrönt wird. Den
größten bauplastischen Schmuck bildet das
steinerne Portal, über dessen wohl mit päda-
gogischer Absicht angebrachte Details sich
nachdenken und schmunzeln lässt: ein auf
dem Rücken eines Esels liegendes Kind, drei
schnatternde Gänse und ein Kind neben einer
überdimensionalen Eule.

Das benachbarte Gebäude mit seiner schlichten klassizistischen Eleganz und dem rechteckigen Turm an der Ecke Linienstraße trägt
am Hauseingang am Koppenplatz die
Inschrift **Hollmannsche Wilhelminen-Amalien-Stif-
tung**. Die von einem Tuch- und Seidenfabri-
kanten zum Gedenken an seine Frau gegründete Stiftung nahm evangelische Witwen ab
fünfundfünfzig Jahren und unverheiratete Frau-

en des Mittelstandes auf, die fünfzehn Jahre in Berlin gewohnt hatten; heute befinden sich in dem Haus Eigentumswohnungen.

Wer seinen Blick über den Koppenplatz schweifen lässt, entdeckt einen Tisch und zwei Stühle, einer davon umgestürzt. Beim Näher-treten bemerken wir, dass nicht nur die Möbelstücke, sondern auch das darunterlie-gende Parkett aus Bronze sind. Das noch zu DDR-Zeiten ausgelobte und 1996 eingeweih-te **Denkmal „Verlassener Raum" (13)** von Eva Butzmann und Karl Biedermann soll an die Deportation und Vernichtung aller jüdischen Bewohner der Stadt erinnern, unabhängig von ihrer sozialen Stellung und Lebensleistung.

Die Linienstraße, die den Koppenplatz nörd-lich begrenzt, erinnert an eine Verteidigungs-linie im frühen 18. Jahrhundert. Die „Linie" wurde in den 1730er Jahren durch eine neue Stadtmauer mit Stadttoren im Verlauf der heu-tigen Torstraße ersetzt. Wir biegen nach links in die Linienstraße ein und entdecken über der Toreinfahrt eines gelb-roten Ziegelbaus die Inschrift **KOENIGLICHES LEIH-AMT II. ABTH.**, auf der Hofseite zusätzlich einen aufgemalten, leicht verwitterten Schriftzug aus der Zeit nach dem Ende der Monarchie: „Leihamt der Stadtgemeinde Berlin". Die Anstalt sollte dem Wucher privater Pfandleiher entgegenwirken. Schräg gegenüber befindet sich in der ehema-

Die in die Flucht der Linienstraße gesetzte und 1934 geweihte katholische St.-Adalbert-Kirche: Der österreichische Architekt Clemens Holzmeister schuf hier einen spätexpressionistisch geprägten, verklinkerten Saalbau, der sich wohl auch aufgrund des fehlenden Glockenturms gut in die Wohnhausreihe integriert.

ligen Fach- und Fortbildungsschule die Volkshochschule Mitte. Ihre doppelläufige Treppe zu erklimmen hat den Vorteil, dass wir dann besser auf die Fassade der katholischen **St.-Adalbert-Kirche (14)** schauen können. Die rechteckigen Nebenchöre des neusachlichen Klinkerbaus von 1932/33 fassen die erhöhte Apsis eindrucksvoll ein. Die Wahl des Namenspatrons verweist auf den früher sehr hohen Anteil der Gemeindemitglieder aus West- und Ostpreußen, wo der missionierende Bischof Adalbert im Jahr 997 von heidnischen Pruzzen erschlagen und dadurch zum Märtyrer wurde.

Ansonsten ist die Linienstraße eine Wohnstraße mit spätklassizistischen Fassaden, kaum zerklüftet durch Erker, Balkone und Loggien, wie sie Ausgang des 19. Jahrhunderts üblich wurden. Aber wir befinden uns auch am sozial schwächeren Rand der Altstadt, wo die

DIE TOTEN MAHNEN

IN DIESEM HAUSE
WOHNTE DIE WIDER-
STANDSKÄMPFERIN

MARGARETE KAUFMANN

GEBOREN 18. JUNI 1908
VON DEN FASCHISTEN ERMORDET

Eine DDR-typische Gedenktafel für Margarete Kaufmann, mit dem roten Winkel für politische KZ-Häftlinge der NS-Zeit, angebracht am ehemaligen Wohnhaus der Widerstandskämpferin in der Linienstraße 154A. Sie wurde 1936 verhaftet und sechs Jahre später aus dem Zuchthaus Cottbus in ein Konzentrationslager verschleppt; seitdem gilt sie als verschollen.

Neubauwut merklich abnahm. Die vor uns kreuzende Kleine Hamburger Straße endet rechter Hand an der Torstraße, einst Standort des **Hamburger Tors**, über das der Weg in die Hansestadt führte.

Am Haus **Linienstraße 154A** erinnert eine Gedenktafel an die von den Nationalsozialisten ermordete Widerstandskämpferin Margarete Kaufmann. Der Wechsel der Sozialdemokratin zur KPD im Jahr 1932 machte sie in der DDR erinnerungswürdig. Um die Ecke, vor der **Tucholskystraße 40 (15)** bemerken wir Sicherheitsvorkehrungen der Polizei. Seit 1989 ist das Gebäude wieder Sitz von **Adass Jisroel**, der Israelitischen Synagogen-Gemein-

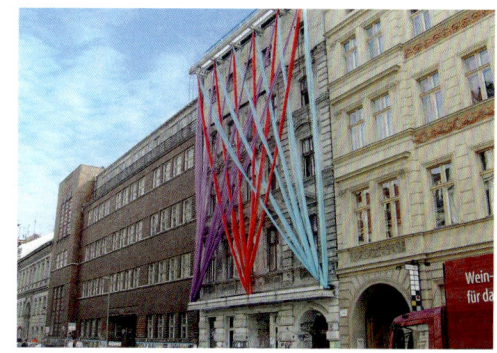

Von links: ehemaliges jüdisches Krankenhaus, ehemalige jüdische Mädchenschule, das Kunsthaus KuLe mit einer Kunstinstallation von 2010 und daneben ein Haus mit Eingang in die Heckmann-Höfe. Die Auguststraße in Mitte vereint Reminiszenzen an ihre wechselvolle Geschichte und eine bunte Kunstszene.

de zu Berlin. Aus Protest gegen die Liberalisierung der Jüdischen Gemeinde als orthodoxe Religionsgesellschaft im Jahr 1869 gegründet, wurde Adass Jisroel 1939 durch die Nationalsozialisten zwangsaufgelöst, nach dem Zweiten Weltkrieg im Westteil Berlins neu gegründet und erst durch den Umbruch im Herbst 1989 im Ostteil wieder in ihre alten Rechte eingesetzt. Wenn Sie wollen, können Sie im Beth Café (hebräisch beth = Haus) eine Pause einlegen und im Sommer auf dem Hof sitzen – eine kleine Oase und das einzige koschere Lokal, das es im alten jüdischen Viertel Berlins gibt. An dieses erinnern nur noch Gedenktafeln und Gebäude, wie der dunkelrote Klinkerbau um die Ecke in der Auguststraße 11–13, ehemals **Mädchenschule der Jüdischen Gemeinde**, und der links angrenzende hellere Putzbau des ehemaligen **jüdischen Krankenhauses**.

Im Inneren der
Heckmann-Höfe
mit Blick auf den
Durchgang zur
Auguststraße 9:
Restaurants und
Ateliers laden
zum Verweilen
und Stöbern ein.

Ein typisches „Wendeprodukt" ist das unsa-
nierte Haus **Auguststraße 10 (16)**. 1990 besetz-
te eine Gruppe junger Künstlerinnen und
Künstler den leer stehenden Altbau und funk-
tionierte ihn zum Kunsthaus mit dem pro-
grammatischen Namen **KuLe, „Kultur und
Leben"**, um. Seitdem gibt es das KuLe Theater
als experimentellen und nicht-kommerziellen
Aufführungsort, in dem Bilder-, Objekt- und
Tanztheater, Performance, Installation, Male-
rei und Objektkunst bis hin zu Neuer und
Improvisierter Musik und DJ-Kultur ver-
knüpft werden. Eine Besonderheit stellt die
Fassadengalerie dar, die vielen Künstlerinnen
und Künstlern eine seltene Möglichkeit des
Ausdrucks im Straßenraum gibt. Schräg
gegenüber haben sich in einer alten Margari-
nefabrik die **Kunst-Werke** als international
beachtetes Ausstellungszentrum für Gegen-
wartskunst etabliert (Auguststraße 69).

Die von der Fassade der Synagoge mit ihrer vergoldeten Kuppel dominierte Oranienburger Straße: Das Gotteshaus der Jüdischen Gemeinde in Berlin wurde 1859–1866 von Eduard Knoblauch und Friedrich August Stüler errichtet. Seine Reste wurden nach Bombenschäden im Zweiten Weltkrieg von 1988 bis 1993 wieder aufgebaut.

Über den offenen Eingang der Auguststraße 9 gelangen wir in die **Heckmann-Höfe (17)**. In der Durchfahrt, die jeder schnell zu durcheilen gedenkt, ist an der Wand zu lesen: „sie schließt die haustür hinter sich, schiebt die kapuze über den kopf und betritt den tag". Sie können noch ein paar Mal innehalten und weitere Zeilen lesen. Die Idee hatte Barbara Gebhardt, Geschäftsführerin des Ateliers und Geschäfts der NIX Design GmbH, ein 1990 gegründetes Modelabel. Ihre Freundin, Werbetexterin Brigitte Rathmann, hat die Sprüche als Begleitphilosophie zu Mode und Design in der Stadt geschrieben. Sie finden den Laden auf dem großen Hinterhof. Dort leuchtet uns schon die vergoldete Kuppel der **Neuen Synagoge (18) an der Oranienburger Straße** entgegen. An

einer ehemaligen, rot geklinkerten **Remise** entdecken wir einen Pferdekopf, ein selten gewordener Fingerzeig auf den früheren Alltag auf den Hinterhöfen. In einem typischen Kellerladen im letzten Hof befindet sich eine Bonbonmacherei, die aber nur begrenzte Öffnungszeiten hat und daher nicht immer zur süßen Einkehr verführen kann.

Über die Heckmann-Höfe gelangen wir nun auf die Oranienburger Straße. Als eine der Hauptverkehrsadern der Spandauer Vorstadt bot sie sich im 19. Jahrhundert als Standort für wichtige Postgebäude an. Rechts sehen wir den großen gelben Klinkerbau mit der Inschrift **Postfuhramt**, links das **Haupttelegraphenamt**, über dessen Eingang eine Uhr symbolisch stillsteht – die Zeit der Telegrafie ist

Das zwischen 1875 und 1881 nach Plänen von Carl Schwatlo errichtete Postfuhramt an der Ecke Oranienburger Straße und Tucholskystraße. Das imposante dreigeschossige Eckgebäude beherbergte unter anderem auch ein Annahme-Postamt, eine Rohrpostmaschinenstelle, Teile des Fernsprechamts sowie mehrere Dienstwohnungen.

wahrlich abgelaufen. Mehr Aufmerksamkeit weckt gegenüber die maurische Fassade der einst größten **Synagoge (18)** Deutschlands für 3200 Gläubige. Der Polizei-Reviervorsteher Wilhelm Krützfeld rettete das 1866 eingeweihte Gebäude in der Pogromnacht 1938 vor der Brandschatzung durch SA-Leute. Eine Gedenktafel erinnert an den mutigen Polizisten. Der im Zweiten Weltkrieg durch Bomben stark beschädigte Bau ist erst seit 1995 als **Centrum Judaicum** wieder der Öffentlichkeit zugänglich, als Museum, Ausstellungs- und Begegnungsstätte. Gleich daneben haben der Vorstand der Jüdischen Gemeinde Berlins und die Repräsentantenversammlung ihren Sitz, um die Ecke an der Tucholskystraße 9 der Zentralrat der Juden in Deutschland im **Leo-Baeck-Haus (19)**. Es trägt den Namen des letzten Leiters der Hochschule für die Wissenschaft des Judentums, die 1942 geschlossen wurde. Über dem Eingang symbolisiert ein Löwenkopf die Stärke der Weisheit. An der Hochschule studierte auch die erste ausgebildete Rabbinerin der Welt, **Regina Jonas** (1902–1944). In der Krausnickstraße, in die wir nun zur Linken einbiegen, erinnert eine Gedenktafel am **Haus Nummer 6 (20)** an sie.

Am Ende der Krausnickstraße stoßen wir wieder auf die Große Hamburger Straße und den Zugang zur Sophienkirche sowie ihren alten

Friedhof. Über dem rechter Hand gelegenen, mit Girlanden geschmückten Torbogen von Nr. 28 findet sich unter den Symbolen von Schaf und Kreuz ein aufgeschlagenes Buch mit der Inschrift „Lasset die Kindlein zu mir kommen", ein Verweis auf den christlichen Kindergarten, der auch heute noch existiert. Schräg gegenüber bemerken wir zwischen den Hausnummern 15 und 16 eine Bombenlücke aus dem Zweiten Weltkrieg. An den Brandmauern sind Emailletafeln angebracht mit Namen, Berufen und Wohndaten der ehemaligen Bewohner. Es ist das einzig erhaltene Objekt des Kunstprojekts „Die Endlichkeit der Freiheit" aus dem Jahr 1990. Damals wurden europäische und amerikanische Künstler eingeladen, sich mit der veränderten politi-

Die Gedenkstätte an der Großen Hamburger Straße: Am ehemaligen Standort des ersten Jüdischen Altersheims Berlins erinnern heute ein Gedenkstein und die Bronzeskulpturen von Will Lammert an das Schicksal vieler Berliner Juden. Rechts der Eingang zum ältesten jüdischen Friedhof Berlins.

schen Situation Berlins auseinanderzusetzen
und dazu Werke in beiden Teilen der Stadt zu
realisieren. Der französische Künstler Christian Boltanski nannte sein Werk **The Missing Hou-
se (21)**.

An weitere Zäsuren der nationalsozialisti-
schen Zeit erinnern benachbarte Orte wie das
stark gesicherte Schulgebäudein der **Großen
Hamburger Straße 27 (22)**. Es ist das erste jüdische Gymnasium in Deutschland seit der NS-
Zeit, das 1993 in der ehemaligen Knabenschu-
le der Jüdischen Gemeinde eröffnet wurde.
Auch hier gibt es über dem Eingang symboli-
sche figürliche Dekorationen: zu Beginn nack-
te, unbedarfte Knaben, die am Ende ihrer
Schulzeit angezogen und gebildet, in einem
Buch lesend die Schule verlassen. Die künstlerisch gestaltete Freifläche rechts von der Schule markiert mit ihren Steinintarsien im Boden
den ehemaligen Standort des **Jüdischen Altersheims (23)**. Es diente ab 1942 als Sammellager
jüdischer Mitbürger vor der Deportation. Eine
Gedenktafel und ein **Denkmal von Will Lammert**
(1892–1957) wurden in die 2008 abgeschlos-
sene Instandsetzung des Geländes einbezogen.
Nur bei genauerer Betrachtung der ausgemer-
gelten Figuren erkennen wir Frauen und Mädchen, die Figurengruppe war ursprünglich für
das Frauen-KZ in Ravensbrück gedacht. Die
Modellfassung wurde 1985 an diesem Ort

ohne Erläuterungstafel aufgestellt, zu Ehren der „Jüdischen Opfer des Faschismus", wie es damals hieß. Die eingezäunte kleine Parkanlage dahinter „ist der **älteste jüdische Friedhof (24)**, den Berlin vorzuzeigen hätte. Die Geheime Staatspolizei ließ ihn, so gut sie konnte, von der Erdoberfläche verschwinden", schrieb Feuilletonist Heinz Knobloch (1926–2003) in seinem Buch über **Moses Mendelssohn**, der hier begraben liegt. Von Knobloch stammt der denkwürdige Satz: „Misstraut den Grünanlagen." Heute wird uns bereits am Eingang die Geschichte des Friedhofs erklärt. Die einzige markierte Grabstelle ist die des berühmten jüdischen Aufklärers Moses Mendelssohn, mit einer neuen Grabstele nach historischem Vorbild.

Stolpersteine erinnern vor dem Haus in der Großen Hamburger Straße 30 an Emanuel und Regina Fink, die 1942 deportiert wurden. In der Spandauer Vorstadt findet man noch viele dieser Messingtäfelchen als Teil des Projekts des Künstlers Gunter Demnig, das die Erinnerung an ehemalige Bewohner, die Opfer des Nationalsozialismus wurden, lebendig erhalten will.

An den Friedhof grenzen zwei der Hackeschen Höfe, deren prächtig dekorierten Eingangshof an der Rosenthaler Straße wir uns für das Ende des Spaziergangs aufgespart haben. Auf dem Weg dahin durch die Oranienburger Straße schauen Sie immer mal wieder auf den Bürgersteig. Kleine Messingtäfelchen erinnern an jüdische Opfer der NS-Zeit und ihre letzten Wohnorte in einem Viertel, in dem bis dahin viele jüdische Bürger lebten. Die Idee zu dieser dezentralen, aber sehr persönlichen Erinnerung hatte der Künstler Gunter Demnig, der die sogenannten **Stolpersteine** selbst verlegt. Der Kleinunternehmer Otto Weidt (1883–1947), an den das **Museum Blindenwerkstatt (25)** in der Rosenthaler Straße 39 erinnert, trug dazu bei, dass es ein paar Stolpersteine weniger gibt: Es gelang ihm, seine jüdischen Mitarbeiter und andere Juden vor der Deportation zu retten.

Im Vorderhaus finden wir das älteste Szenelokal am Hackeschen Markt, das **Café Cinema**. Aus einer kleinen Kantine des DDR-Verbandes der Film- und Fernsehschaffenden ist am 3. Oktober 1990 ein öffentliches Café geworden. Auf dem Hinterhof ist noch ein Rest des morbiden Charmes der Nachwendezeit zu spüren, ein Gegensatz zur touristischen Geschäftigkeit auf den benachbarten Hackeschen und Rosenhöfen. Wie schnell tritt da die Geschichte wieder in den Hintergrund.

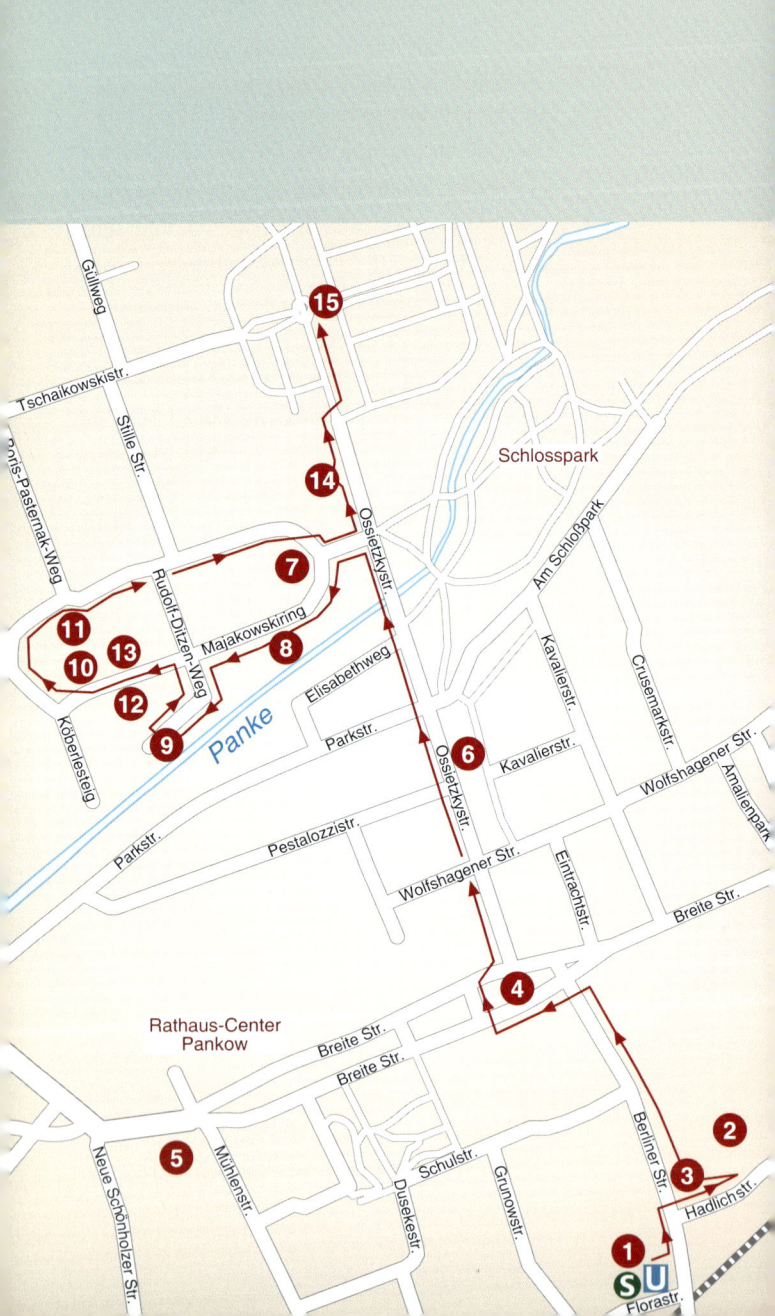

Die einst geschlossene Gesellschaft
Sonderzug nach Pankow

Der 1930/31 realisierte moderne Erweiterungsbau der Garbáty-Zigarettenfabrik des Hamburger Architekten Fritz Höger an der Hadlichstraße. Dies war bereits Josef Garbátys drittes Fabrikationsgebäude. Er beschäftigte zu dieser Zeit um die 1600 Mitarbeiter in dem prosperierenden Wirtschaftszweig der Zigarettenindustrie.

Der Name Pankow klingt vertraut, irgendwie schon mal gehört. Den einen klingt ein alter Gassenhauer im Ohr, „Bolle reiste jüngst zu Pfingsten, nach Pankow war sein Ziel", den anderen Udo Lindenbergs „Entschuldigen Sie, ist das der Sonderzug nach Pankow?". Heute bezeichnet Pankow einen Berliner Großbezirk, zu dem auch der trendige Prenzlauer Berg gehört, doch wir wenden uns dem ruhigeren Altbezirk zu und starten deshalb am **S- und U-Bahnhof Pankow**.

Der Schriftzug GARBÁTY ist nicht zu übersehen, sobald wir die Bahnstation verlassen. In Stahlbuchstaben schwebt der Name des sozial engagierten Unternehmers über dem **Garbáty-platz (1)**. Der aus Osteuropa nach Berlin eingewanderte Josef Garbáty verlegte 1906 seine **Zigarettenfabrik (2)** in diese Gegend. Zu dem Gebäudekomplex an der Hadlichstraße 44 gehören das einstige Tabaklager mit seinem

Das ehemalige
Jüdische Waisen-
haus von 1912/
13 an der Berli-
ner Straße 120/
121, heute ein
multifunktionaler
Bau, der haupt-
sächlich von der
Janusz-Korczak-
Bibliothek
genutzt wird.

hohen Dach und die von der Straße zurück
gesetzten Fabrikgebäude sowie die beiden
Fabrikantenvillen an der Berliner Straße 126/
127. Garbátys Besitz wurde 1938 wegen seiner jüdischen Herkunft zwangsverkauft, er
starb im Jahr darauf. Der Unternehmer unterstützte zu Lebzeiten großzügig den Bau des **II.
Waisenhauses der Jüdischen Gemeinde in Berlin (3)**
direkt neben seiner Fabrik. Das stattliche
Gebäude an der Berliner Straße 120/121 diente in der DDR als Botschaftsgebäude für Polen

Die Dorfkirche „Zu den vier Evangelisten" an der Breiten Straße, dem alten Dorfanger von Pankow, mit den beiden markanten Türmen von Friedrich August Stüler.

und Kuba, heute beherbergt es unter anderem die Janusz-Korczak-Bibliothek für Erwachsene und Kinder. Korczak war ein polnischer Arzt, Pädagoge und Kinderbuchautor, der als Waisenhausleiter in Warschau einen Kindertransport ins NS-Vernichtungslager Treblinka begleitete und vermutlich dort 1942 ermordet wurde.

Der Name Berliner Straße signalisiert, dass Pankow ursprünglich eine selbstständige Gemeinde war. Bis zur Eingemeindung 1920 entwickelte sich der Ort zu einer ansehnlichen Kleinstadt mit knapp 60 000 Einwohnern. Zum Zeitpunkt der Reichsgründung 1871 besaß Pankow nur gut 2000 Bewohner und reichte kaum über den alten Dorfanger, die heutige **Breite Straße**, die wir direkt am Ende der Berliner Straße erreichen, hinaus. Das älteste Bauwerk hier ist die **Alte Pfarrkirche „Zu den vier Evangelisten" (4)**. Der aus Feldstein

An der Kreuzung Breite Straße und Mühlenstraße steht das 1903 vollendete Pankower Rathaus. Brautpaare aus ganz Berlin und Umgebung kommen hierher, um sich im historischen Trauzimmer das Jawort zu geben.

errichtete Teil aus dem 15. Jahrhundert zeigt noch, wie klein sie ursprünglich war. Den backsteinernen Mittelteil mit seinen beiden markanten Türmen entwarf der Schinkelschüler Friedrich August Stüler. Der westliche Vorbau hingegen stammt aus dem frühen 20. Jahrhundert, als Pankow mit gezielter Werbung Menschen aus der Metropole Berlin anlockte: „Ziehe nach Pankow. Alte Parkstadt. Gesündester Vorort des Nordens". Damals leisteten sich die Pankower ein repräsentatives **Rathaus (5)** am anderen Ende des alten Dorfangers in unverputzter roter Klinkerbauweise, es wurde 1903 mit Dienstwohnung und Ratskeller eingeweiht. Doch der aufstrebenden Stadt erging es wie vielen Berliner Vororten der Kaiserzeit: Mit acht Nachbardörfern wurde Pankow durch das Groß-Berlin-Gesetz 1920 als 19. Verwaltungsbezirk nach Berlin eingemeindet.

Biegen wir nun in die Ossietzkystraße ein. Auf den ersten Blick ist von ihrer einstigen Bedeutung nichts mehr zu erahnen. Doch schauen wir genauer hin, so bemerken wir an einigen Eingangstüren und Fenstern kleine Metallröhren, die als Halterungen für Fähnchen dienten. Wir befinden uns auf der Protokollstrecke zum Schloss Schönhausen, dem einstigen Amtssitz des Präsidenten der DDR und späteren Gästehaus der DDR-Regierung.

Auf der linken Seite der Ossietzkystraße, zwischen Wolfshagener und Pestalozzistraße, steht ein niedriger Flachbau: das in den 1950er Jahren errichtete **Ladenkombinat** zur täglichen Versorgung. Bei der benachbarten viergeschossigen Wohnhausbebauung handelt es sich um typische DDR-Nachkriegsarchitektur. Wer hat hier gewohnt? Das Politbüro der Sozialistischen Einheitspartei Deutschlands (SED) forderte im August 1956, mindestens 20 Prozent der hiesigen Wohnungen für Mitarbeiter des Partei- und Staatsapparats zur Verfügung zu stellen. Eine leicht durchzusetzende politische Maßnahme, da es keinen freien Wohnungsmarkt in der DDR gab.

Der Publizist, Schriftsteller und Friedensnobelpreisträger Carl von Ossietzky im Jahr 1932. Das zu seinem 100. Geburtstag 1989 aufgestellte Denkmal des Potsdamer Bildhauers Karl Simon steht an der Ossietzkystraße.

Die Wohnblöcke an der rechten Straßenseite sind weiter hinter die Straßenflucht zurück gesetzt worden, sodass sich davor ein breiter Grünstreifen ergibt, auf dem einige Plastiken stehen. Das größte und auffälligste Bildwerk stellt den Namensgeber der Straße dar, den Publizisten und Friedensnobelpreisträger **Carl von Ossietzky (6)**. Die Bronzefigur wurde aus Anlass seines 100. Geburtstages im September 1989 aufgestellt, weil er angeblich in der Straße gewohnt hatte, was sich aber nicht belegen lässt. Bis zum Verbot durch die Nazis gab er die Zeitschrift „Die Weltbühne" (siehe S. 133) heraus. Nach seiner Entlassung aus dem Konzentrationslager musste sich Ossietzky 1936

in ärztliche Behandlung begeben und wählte ein Krankenhaus im Pankower Ortsteil Nordend, das erst nach der Vereinigung abgerissen wurde. Wenn Sie wollen, können Sie das Ehrengrab des 1938 an den Folgen der Lagerhaft verstorbenen Publizisten nicht weit von der Ossietzkystraße am Herthaplatz auf dem **Friedhof Pankow IV** (Buchholzer Straße 6–8) besuchen.

Wir folgen der Ossietzkystraße bis zu einer Brücke, die über die Panke führt. Der kleine

Die Ostseite des aufwendig restaurierten Schlosses Schönhausen: Die barocke Sommerresidenz der Königin Elisabeth Christine, der Gattin Friedrichs II. (des Großen), gehört seit 2009 zur Stiftung Preußische Schlösser und Gärten.

Fluss bildet die natürliche Grenze zwischen Pankow und dem Ortsteil Niederschönhausen. Rechter Hand beginnt ein Landschaftspark, der zum nahe gelegenen **Schloss Schönhausen (15)** gehört. Linker Hand sind am Nordufer der Panke noch Reste des Eingangs zu einem militärischen Postenweg zu entdecken, ein Relikt des ehemaligen „Städtchens": Im August 1945 ließ die Sowjetische Besatzungsmacht das Wohngebiet am heutigen Majakowskiring komplett räumen, um Offiziere mit ihren Familien und deutsche Funktionäre unterzubringen. Wer das Areal betreten wollte, brauchte einen „Propusk", einen Passierschein. Durch einen Bretterzaun war das „Städtchen" von der Außenwelt abgeschirmt. Auch als es die Sowjets 1949 an die DDR-Behörden übergaben, war ein Passieren ohne Sondererlaubnis nicht möglich. Bis in die 1970er Jahre blieb es dabei.

Das ist insofern verwunderlich, weil die politische Führung der DDR schon im Sommer 1960 vom Pankower „Städtchen" in die Waldsiedlung bei Wandlitz umzog. Monika Maron, Tochter eines hohen SED-Funktionärs, berichtet in ihrem 1991 erschienenen Roman „Stille Zeile Sechs", nur einige Witwen ehemaliger Regierungsmitglieder und einstmals mächtige Funktionäre seien in Pankow wohnen geblieben.

Die Villa des Fotografen Richard Kasbaum (1860–1939) aus der Zeit um 1900, heute Sitz der Wirtschaftsabteilung der Chinesischen Botschaft.

Auf ein Gebäude in Niederschönhausen griffen die SED-Spitzenfunktionäre allerdings immer wieder gern zurück: Für die Kameras gingen sie nicht im Bezirk Frankfurt/Oder ins Wahllokal, sondern in der Hauptstadt, in die **Villa Kasbaum (7)** am Majakowskiring 2. Die nach einem Fotografen benannte Villa mit ihrem markanten Dreieckgiebel über dem Säulenportikus zeigt, wie vornehm in dieser Gegend um 1900 gebaut wurde. Das Haus dient heute der Wirtschaftsabteilung der Chinesischen Botschaft als repräsentative Adresse.

An der Villa biegen wir links in die 1950 nach dem russisch-sowjetischen Dichter Wladimir Majakowski benannte Ringstraße ein. Dort, wo sich heute der **Waldorfkindergarten Pankow (8)** befindet (Nr. 13/15), wurde ein nach dem DDR-Präsidenten Wilhelm Pieck (1876–1960) benannter Kindergarten eingerichtet – für eine

Die letzte Wohn-
adresse des
Schriftstellers
Hans Fallada von
1945 bis 1947
im nach seinem
Geburtsnamen
benannten Ru-
dolf-Ditzen-Weg.
Die Eindrücke
von seinem
Leben im „Städt-
chen" lassen sich
im 1947 post-
hum veröffent-
lichten Roman
„Der Alpdruck"
nachlesen.

eigene Schule reichte die Kinderzahl im „Städtchen" nicht aus. Gegenüber, im **Haus Nr. 12** wohnte seit 1974 Lotte Ulbricht, die nach dem Tod ihres Mannes Walter Ulbricht (1893–1973) die Waldsiedlung bei Wandlitz verlassen musste, da sie selbst nicht Mitglied des Polit-büros der SED und auch keine Funktionärin war. Das Ehepaar Ulbricht lebte schon zwischen 1945 und 1960 im „Städtchen".

Ebenfalls kurz nach Kriegsende zog ein Mann ins Sperrgebiet, der weder Kommunist noch aktiver Widerstandskämpfer war und an der nächsten Straßenecke durch ein Straßenschild geehrt wird: Rudolf Ditzen, bekannter unter seinem Schriftstellerpseudonym Hans Fallada. Er wohnte im Eisenmengerweg 19, heute **Rudolf-Ditzen-Weg (9)**. Zu verdanken hatte der Schriftsteller die Wohnung dem bedeutendsten Kulturfunktionär der sowjetischen Besatzungszone, Johannes R. Becher, der im **Maja-**

Wohn- und Arbeitsort des Kulturfunktionärs und Dichters Johannes R. Becher am Majakowskiring 34: Dort lebte er von 1945 bis zu seinem Tod 1958.

kowskiring 34 (10) wohnte und hier 1958 starb. Becher dichtete die DDR-Nationalhymne („Auferstanden aus Ruinen") und war erster DDR-Kulturminister. Seine Frau Lilly hatte großen Anteil daran, dass nach dem Tod Walter Ulbrichts 1973 das „Städtchen" für die Bevölkerung geöffnet wurde, indem sie sich 1972 an das Politbüro-Mitglied Kurt Hager wandte und auf einen Beschluss des VIII. Parteitags der SED berief, demzufolge der Zugang zu kulturellen Leistungen nicht erschwert werden durfte. Nun konnte jedermann ungehinderter zur Becher-Gedenkstätte mit Wohnmuseum und Archiv des Dichters gelangen.

Nach der Öffnung des Sperrgebiets wurden nur wenige Gedenktafeln für frühere Bewohner angebracht: neben Becher für den Ministerpräsidenten Otto Grotewohl (1894–1964) am **Majakowskiring 46/48 (11)** und für Wilhelm Pieck am **Majakowskiring 29 (12)**. Eine

Das Wohnhaus
des ersten und
einzigen DDR-
Präsidenten Wil-
helm Pieck
am Majakowski-
ring 29 mit einer
Gedenktafel links
vom Eingang. Er
verbrachte hier
die Jahre von
1945 bis 1960.

Tafel für den mächtigsten DDR-Funktionär,
Walter Ulbricht, fehlt. Die von ihm bewohnte
Villa am **Majakowskiring 28/30 (13)** wurde,
obwohl sie sich in gutem Zustand befand,
1975 abgerissen und durch einen Neubau
ersetzt. Nach der Entmachtung Ulbrichts
durch seinen Nachfolger Erich Honecker sollte möglichst wenig an den unbeliebten „Spitz-
bart" erinnern. Auch der Minister für Staats-
sicherheit Erich Mielke, der Ostberliner
Oberbürgermeister Friedrich Ebert, die Jus-
tizministerin Hilde Benjamin und Honecker
selbst haben abgeschottet in diesem Viertel
gewohnt. „Pankow" war daher in der Bun-
desrepublik ein Synonym für die DDR-Regierung. Als Udo Lindenberg 1983 allerdings
seinen musikalischen „Sonderzug nach Pankow" auf die Reise schickte, um Erich Honecker zu treffen, lebte dieser schon seit 23 Jahren bei Wandlitz.

Das Königliche Lustschloss zu Schönhausen, von der Gartenseite aus gesehen, auf einem Kupferstich aus dem 18. Jahrhundert. Heute lustwandeln weniger Edelleute als Pankower durch Schloss und Park, seitdem die Barockanlage Ende 2009 nach umfangreichen Sanierungsmaßnahmen wieder für Besucher geöffnet worden ist.

Der Rundkurs um den Majakowskiring führt uns zur **Villa Kasbaum (7)** zurück, die zeitweilig auch als Gästehaus der DDR-Regierung diente. Seit 1964 gab es für Staatsgäste wie Fidel Castro, Indira Gandhi oder Michail Gorbatschow eine noch repräsentativere Adresse, das benachbarte **Schloss Schönhausen**, größer, anspruchsvoller und herrschaftlicher als die gutbürgerliche Villa am Majakowskiring. Bis dahin nutzte die DDR das Barockschloss als Amtssitz ihres ersten und einzigen Präsidenten Wilhelm Pieck. Als zu diesem Zweck bis 1952 einige Neubauten entstanden, wurde die Ossietzkystraße endgültig zur Sackgasse – und ist es bis heute geblieben. Für Autofahrer endet sie an zwei neoklassizistischen Torhäuschen, jenseits liegt die frühere Präsidialkanzlei, die heute von der **Bundesakademie für Sicherheitspolitik** genutzt wird. Hinter dem von ihr so bezeichneten **Haus Berlin (14)** befindet

Elisabeth Christine von Preußen, Gattin Friedrichs II. (des Großen), auf einem Porträt von Antoine Pesne um 1740. Die Königin bewohnte das Schloss Schönhausen, ein Geschenk ihres Ehemannes, der sich dort allerdings nur einmal blicken ließ, als Sommerresidenz.

sich der Konferenzsaal, in dem der Zentrale Runde Tisch der DDR bis zur ersten freien Wahl am 18. März 1990 tagte. Fußgänger gelangen durch ein weiteres Tor in den inneren Schlosspark, der seit 1949 durch eine Mauer vom äußeren Schlosspark abgetrennt und erst seit Ostern 1991 wieder öffentlich zugänglich ist. Hier können Sie wie ein Staatsgast der DDR zwischen alten Platanen, Pergolen, kleinen Wasserbecken, Brunnen, Plastiken und einem Teepavillon wandeln.

Die Parkgestaltung des Gartenkünstlers Reinhold Lingner aus den frühen DDR-Jahren gilt
mittlerweile als erhaltenswertes Gartendenk-
mal. Im **Schloss Schönhausen (15)** wurde erst
kürzlich die originale Möblierung des Amts-
zimmers des DDR-Präsidenten Wilhelm Pieck
wieder eingerichtet. Nach langjähriger Sanierung und Restaurierung ist das Schloss seit
Dezember 2009 als Museum zugänglich. Es
erinnert vor allem an die Gemahlin Friedrichs
des Großen (Friedrich II., 1712–1786), Elisabeth Christine (1715–1797), die das Schloss
als Sommerresidenz bewohnte. Der Barockbau
weist an der Ostseite als alleinigen Schmuck
einen Bogengiebel mit Akanthusverzierungen
und den Initialen der Königin auf, darüber
zwei Genien, die die Königskrone halten.

Das Arbeits-
zimmer von
Wilhelm Pieck
mit dem Origi-
nal-Schreibtisch,
dessen Einrich-
tung 1950 von
den Architekten
Hanns Hopp
und Kurt Lieb-
knecht entworfen
und realisiert
wurde. Die Kos-
ten des Inte-
rieurs betrugen
16 000 Mark.

Friedrich II. schenkte der Königin das Schloss nach seiner Thronbesteigung im Jahr 1740 und veranlasste nach 1763, es in seine heutige Form zu bringen. Später ließ er sich wahrscheinlich nur noch ein einziges Mal hier blicken. Nach dem Tod seines Vaters, des „Soldatenkönigs" Friedrich Wilhelm I., der ihm die Ehe mit Elisabeth Christine aufgezwungen hatte, wollte Friedrich II. keine enge Beziehung zu seiner Frau mehr vortäuschen – er umgab sich lieber mit Männern. Die Königin wurde selten zu Familienfeiern geladen und begegnete ihrem Gemahl fast nur im Winter im Berliner Stadtschloss, wenn beide von ihren Sommeraufenthalten in die Residenz zurückkehrten. Dass Elisabeth Christine eine Hausherrin mit Geschmack war, zeigt der große Rokokosaal, der in Berlin seinesgleichen sucht. Gemälde, Möbel und Geschirr aus dem zerstörten ostpreußischen Schloss Schlobitten der preußischen Familie von Dohna haben in Schönhausen einen passenden Ausstellungsort gefunden. Damit schließt sich ein Kreis: 1664 besaß eine Gräfin von Dohna in Niederschönhausen ein „petit palais", den Vorgänger des heutigen Schlosses. Das spannende Nebeneinander verschiedener Epochen vom friderizianischen Rokoko bis hin zum DDR-„Bonzenbarock" sei Ihnen hiermit zum abschließenden Besuch empfohlen.

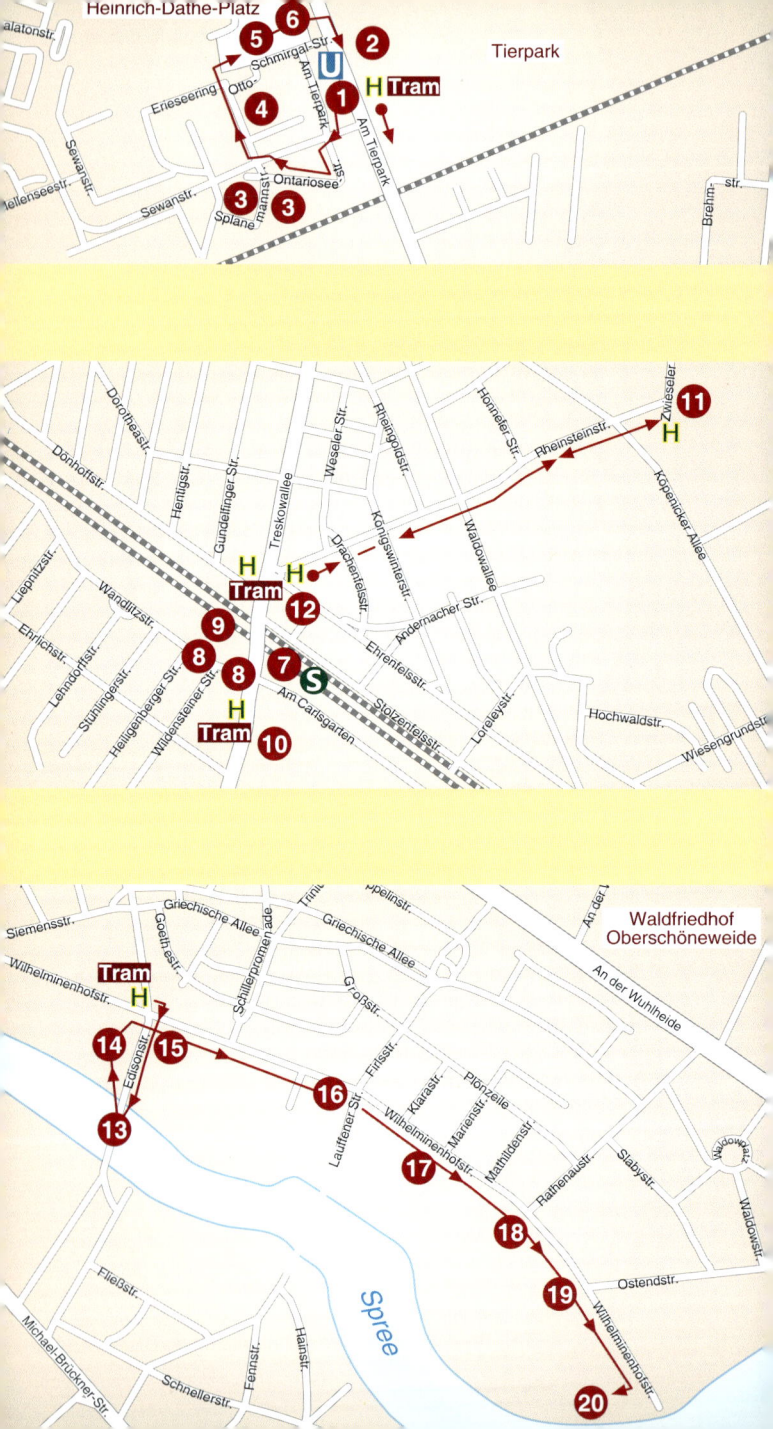

Das unbekannte Ostberlin
Vom Tierpark
nach Oberschöneweide

Der erste Tierparkdirektor Heinrich Dahte (1910–1991) mit einem neuen Elefantenjungen im Jahr der Eröffnung des Ostberliner Zoos 1955. Der populäre Zoologe leitete den Tierpark 34 Jahre lang bis zu seiner Zwangspensionierung 1990.

Die **Station Tierpark (1)** auf der U-Bahn-Linie 5 ist der einzige zu DDR-Zeiten gebaute U-Bahnhof. Er ging am 25. Juni 1973 in Betrieb, rechtzeitig vor Eröffnung der X. Weltfestspiele der Jugend und Studenten in Ostberlin. Die Verlängerung der U-Bahn-Linie um eine Station erfüllte zweierlei Aufgaben: ein wachsendes Wohngebiet anzuschließen und Millionen Besucher des 1955 eröffneten Tierparks bequemer zum neuen Haupteingang am **Bärenschaufenster (2)** zu bringen. Der Tierpark, der auch durch viele freiwillige Arbeitseinsätze der Bevölkerung entstand, ist mit seinen rund 900 Arten und 160 Hektar Fläche der größte Landschaftstiergarten Europas. Seine

Gründung war eine Folge des Kalten Kriegs, denn der 1844 eröffnete Zoologische Garten, der älteste Deutschlands, lag im Westteil Berlins. Ein Besuch des Tierparks lohnt sich nicht nur wegen der großzügigen Tiergehege. Innerhalb seiner Umzäunung liegt das Schloss Friedrichsfelde, dessen Landschaftspark den Ausgangspunkt für die Anlage des Zoos bildete. Beim Durchstreifen des weitläufigen Geländes stoßen wir sogar auf einen Friedhof, in dem unter anderem die die 1821 angelegte Erbbegräbnisstätte der Familie von Treskow-Friedrichsfelde liegt.

Vom Tierparkeingang oder vom U Bahnhof gehen wir zur Sewanstraße und am Rest eines ehemaligen **Wasserwerks** vorbei in die Ontarioseestraße. Hier fallen in grauer Farbe gehaltene, dreigeschossige Wohnhäuser auf. Wenn wir links in die **Splanemannstraße (3)** einbiegen, so wird nicht nur die Bebauung niedriger, sondern auch der Farbton der Häuser freundlicher. Die schlichten Fassaden werden durch zurückspringende und bis in die Dachzone ragende Treppenhausachsen belebt, die wiederum seitlich von diagonal gestellten Wandteilen eingefasst sind. Auf der Rückseite der Häuser befinden sich Balkone oder Loggien, und zu jeder Wohnung, die mit Küche, Kammer, Bad und WC sowie Kachelofenheizung ausgestattet war, gehörte ursprünglich ein

Die ältesten, unter Denkmalschutz stehenden Plattenbauten Deutschlands von 1925/26 an der Ecke Ontariosee- und Splanemannstraße: Die „Splanemann-Siedlung" entstand nach einem Entwurf von Stadtplaner Martin Wagner in Zusammenarbeit mit dem Architekten Wilhelm Primke.

kleines Stück Gartenland. Aber was ist nun das Besondere an dieser Siedlungsarchitektur? Auf den ersten Blick erscheinen die Bauten mit klassischen Satteldächern ganz konventionell. Verräterisch ist ein horizontal verlaufender Grat zwischen Unter- und Obergeschoss. Auch in der Vertikalen zwischen den einzelnen Wohneinheiten springt ein solcher Grat ins Auge. Wir stehen in der **ältesten Plattenbausiedlung Deutschlands**, die 1925/26 nach Plänen des Stadtbaurats Martin Wagner für den „Reichsverband der Kriegsbeschädigten, Kriegsteilnehmer und Kriegshinterbliebenen GmbH, Berlin" errichtet wurde. Die Reihenhäuser bestehen aus rund sieben Tonnen schweren Dreischicht-Großplatten. Sie wurden auf der Baustelle gegossen und nach zehntägiger Härtung mit einem Portalkran montiert, ein Verfahren, das Wagner aus Holland übernahm. Das also sind die Vorläufer der industriellen

Fischornamente
am Eingang
zur DDR-Kinder-
kombination
im Erieseering:
Auch heute noch
werden hier Kin-
der vom Säug-
lingsalter bis zum
sechsten Lebens-
jahr betreut.

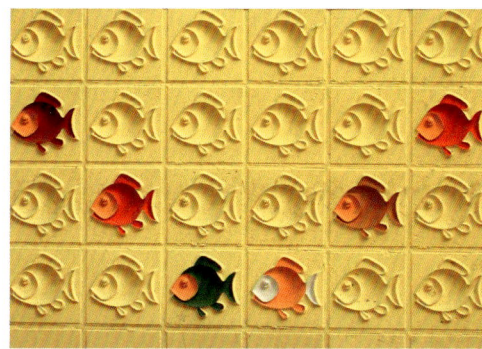

DDR-Plattenbauweise, deren Vertreter wir
nördlich der **Sewanstraße** sehen. Das Wohngebiet, das seit den 1960er Jahren in drei Bau-
abschnitten entstand, wurde ursprünglich
nach dem ehemaligen DDR-Finanzminister
Hans Loch benannt. Sein Name verschwand
1992 von den Straßenschildern.

Rechter Hand steht ein flacher Gebäudekomplex am Erieseering 33–35, eine typische **DDR-
Kinderkombination (4)**, die aus einer Kinderkrip-
pe für Säuglinge bis Dreijährige und einem
Kindergarten bestand und daher zwei separa-
te Eingänge aufweist. Damit die Kinder sich
besser zurechtfanden, sind quadratische
Betonformsteine mit unterschiedlichen Fisch-
und Pflanzenmotiven an den Eingängen ver-
baut. Die linke Straßenseite beherrscht ein
typischer Plattenbau in Form einer Wohn-
scheibe. Er gehört zu einer Wohnanlage, die
an der Straße Am Tierpark zwischen 1974

Der 2005, im Jahr des 50-jährigen Jubiläums des Berliner Tierparks, nach seinem beliebten Direktor benannte Heinrich-Dathe-Platz. Im Vordergrund die mit einem Fontane-Zitat versehene Brunnenanlage des Künstlers Hans-Detlef Henning.

und 1982 mit 3400 Wohnungen als dritter und letzter Abschnitt des ehemaligen Hans-Loch-Viertels entstand.

Im Oktober 1973 hatte der Partei- und Staatschef Erich Honecker die „Lösung der Wohnungsfrage" in der DDR bis 1990 verkündet. Noch bevor die großen Plattenbausiedlungen am Rande Ostberlins, die schließlich zur Gründung eigener Stadtbezirke wie Marzahn oder Hellersdorf führten, in die Höhe und Breite wuchsen, gab es einige innenstadtnähere und weniger gigantische Bauprojekte. Der Massenwohnungsbau wurde in den 1970er und 1980er Jahren durch den Plattenbautyp WBS (Wohnungsbauserie) 70 dominiert, der auch hier im Viertel zum Einsatz kam. Schon von außen ist zu sehen, dass es vor allem um Quantität ging, viel mehr um Masse als um Klasse. Die Losung lautete: „Jedem eine Wohnung!", weswegen auf die Plattenbauweise zurückgegriffen wurde.

Gehen wir den Erieseering weiter bis zu der nach dem langjährigen Tierparkdirektor Heinrich Dathe (1910–1991) benannten Promenade, gelangen wir rechter Hand auf den **Heinrich-Dathe-Platz**, auf dem eine kleine **Brunnenanlage (5)** steht, die der Künstler Hans-Detlef Henning 1982 spitzfindigerweise mit einem Fontane-Zitat versah: „Erst die Fremde lehrt uns, was wir an der Heimat besitzen". Da hat so mancher DDR-Bürger zustimmend genickt, vielleicht ein wenig geseufzt und sehnsuchtsvoll an die westliche Welt gedacht. Am Platz steht noch eine DDR-typische **Kaufhalle (6)**, die heute von einer Supermarktkette genutzt wird. Typisch für den Ostberliner Alltag war und ist auch die Straßenbahn, im Westteil wurde schon 1967 die letzte von der Schiene genommen. Damit zuckeln wir nun die Straße Am Tierpark und die Treskowallee entlang zum **S-Bahnhof Karlshorst (7)**. An der Eisenbahn-

Ein typisches repräsentatives Mietshaus mit Läden aus der Zeit um 1900 in der Villenkolonie Karlshorst an der Ecke Treskowallee und Wandlitzstraße.

strecke Berlin-Frankfurt/Oder gelegen, entwickelte sich die 1895 gegründete Kolonie Karlshorst zur Wohnadresse für besser situierte Leute. „Gewerbliche Anlagen, welche sich durch Geräusch oder Geruch nach außen hin irgendwie bemerkbar machen", waren verboten. Zwischen **Wandlitz- und Ehrlichstraße** stehen noch vortreffliche Beispiele der **Villenbebauung (8)**. Direkt an der Bahnstrecke hat sich ein gelber Fachwerkbau erhalten, der 1894 eröffnete **Rennbahn-Bahnhof (9)** für den Pferdesport auf dem Nachbargelände. Auf Anordnung des sowjetischen Stadtkommandanten von Berlin, Nikolai Bersarin, wurde aus der Hindernisrennbahn im Juli 1945 eine **Trabrennbahn (10)**, wo noch heute auf Pferde gewettet wird.

Ins große Rampenlicht der Geschichte trat Karlshorst erst in den letzten Tagen des Zweiten Weltkriegs. Auf der Nordseite des S-Bahnhofs, am östlichen Ende der Rheinsteinstraße,

Das heutige Deutsch-Russische Museum war Schauplatz der Weltgeschichte: Am 9. Mai 1945, kurz nach Mitternacht und zurückdatiert auf den Vortag, unterzeichnete hier unter anderem Generalfeldmarschall Wilhelm Keitel die deutsche Kapitulation.

das am schnellsten mit der dort verkehrenden Buslinie 296 bis „Museum Karlshorst" zu erreichen ist, stoßen wir auf die baulichen Hinterlassenschaften der 1937 eröffneten **Wehrmachtspionierschule**. Zu ihr gehörte ein **Offizierskasino (11)** mit fünfachsiger Front und auf Pfeilern ruhendem Vordach. Dort unterzeichneten am 9. Mai 1945 die Oberbefehlshaber der Wehrmacht auf deutschem Boden die Kapitulationsurkunde. Im Gebäude befindet sich seit 1995 das **Deutsch-Russische Museum (11)**, das die Geschichte der deutsch-sowjetischen Beziehungen hinterfragt und beleuchtet. Es ist der Nachfolger eines durch die sowjetischen Streitkräfte 1967 eröffneten „Museums der bedingungslosen Kapitulation des faschistischen Deutschland im Großen Vaterländischen Krieg 1941–1945".

Ende April 1945 schlug auf dem Kasernengelände zunächst Generaloberst Bersarin das

Hauptquartier der Roten Armee auf, bis zur DDR-Gründung war es Sitz des Chefs der Sowjetischen Militäradministration in Deutschland. Am 10. Oktober 1949 übergab General Wassili Tschuikow am Ort der deutschen Kapitulation die Verwaltungsfunktionen offiziell an den ersten DDR-Ministerpräsidenten Otto Grotewohl.

Die Sowjets nutzten nicht nur die ehemalige Militärschule und ihre Freiflächen an der Zwieseler Straße, sondern haben zwischen dieser und der Treskowallee am 3. Mai 1945 Villen und Mehrfamilienhäuser auf einer Fläche von gut 200 Hektar räumen lassen und zum Sperrgebiet erklärt. Dabei verloren rund 8000 Menschen ihre Wohnungen, die sie möbliert zurücklassen mussten. 1963 wurde das Sperrgebiet endgültig aufgehoben, doch Angehörige der sowjetischen Besatzungsmacht und ihre Familien wohnten weiter in Karlshorst, einige bis zum vollständigen Abzug der Alliierten im Jahr 1994.

Wieder an der Treskowallee lohnt noch ein Blick auf das große Gebäude an der Einmündung der Ehrenfelsstraße 2–4. 1948/49 wurde ein „Haus der Offiziere" errichtet, das der Volksmund recht bald als **Russen-Oper (12)** bezeichnete. Dass es sich um ein Theater handelt, ist am hohen Schnürboden für die Kulissen zu erkennen, unter dem sich die Bühne

An der Ehrenfels-
straße steht die
bis 1949 gebaute
„Russen-Oper",
das Kulturhaus
für die sowje-
tische Besat-
zungsmacht, am
Rande ihres riesi-
gen Sperrgebiets
in Karlshorst.
Der erste Nach-
kriegs-Theater-
neubau in
Deutschland
wurde noch bis
zum Abzug der
Streitkräfte aus
Deutschland
1994 von der
Sowjetarmee als
Veranstaltungsort
genutzt. Nach
der umfassenden
Sanierung
2008/2009 gibt
es noch keinen
neuen Betreiber
des denkmal-
geschützten
Theatersaals.

befindet. Der Bau des Hauses war eine Art Reparationszahlung der Deutschen zugunsten der Sowjets. Die „Russen-Oper" entwickelte sich schnell zur Kulturstätte für Angehörige der Roten Armee und des sowjetischen Geheimdienstes KGB. Erst ab den 1970er Jahren konnten auch DDR-Bürger zu Veranstaltungen in dieses Theater gehen.

Wir steigen am S-Bahnhof Karlshorst wieder in die Straßenbahn und fahren nach Oberschöneweide bis zur Haltestelle Wilhelminenhof-/Edisonstraße. Wir haben ein ehemaliges Industriegebiet erreicht, von dessen riesigen Dimensionen wir einen ganz guten Eindruck bekommen, wenn wir auf die **Treskowbrücke (13)** gehen, die hier die Spree überspannt. Stromaufwärts sind am linken Ufer viele Fabrikhallen, Schornsteine und ein markanter Turm zu erkennen. Die Mehrzahl der Industrieanlagen gehörte einst zur **Allgemeinen Elek-**

tricitäts-Gesellschaft (AEG). Ein kurzer Blick stromabwärts lässt uns rechts die Spitze des Fernsehturms erkennen, der die Lage des alten Berlin verdeutlicht, von dem wir gut zehn Kilometer entfernt sind, also – wie der Berliner sagt – jottwedee, janz weit draußen. Hier erwarb die AEG im späten 19. Jahrhundert günstiges Bauland für ihre Produktionsstätten, die immer mehr Platz beanspruchten. Wichtig waren gute Verkehrsanbindungen: Zum einen konnte die Spree als Transportweg genutzt werden, zum anderen bot der nahe Bahnhof Schöneweide eine Schienenanbindung für den Personen- und Güterverkehr.

Laufen wir zur Wilhelminenhofstraße zurück, passieren wir linker Hand an der Edisonstraße 63 die ehemalige **Lampenfabrik Frister (14)**, heu-

Die ehemalige Lampenfabrik Frister, zwischen 1897 und 1917 gebaut und erweitert, ist heute ein multifunktionales Freizeit- und Gewerbezentrum mit dem Namen „Spreehöfe".

Der markante Eckbau des AEG-Transformatorenwerks, das 1921 den Betrieb aufnahm, an der Ecke Wilhelminenhof- und Edisonstraße ist Teil eines größeren Komplexes, der zunächst Produktionsstätte der Niles-Werkzeugmaschinenfabrik war.

te **Spreehofe**, eine umgenutzte Industriearchitektur, die als Erlebnisfabrik mit Kinos, Fitness und Bowling, Diskothek und Gastronomie, Geschäften und Praxen vor allem für die Kiezbewohner da sein will. Frister stellte elektrische Beleuchtungskörper her, praktizierte Serien- und Massenfertigung nach amerikanischem Vorbild und stieg nach dem Ersten Weltkrieg zum größten Lampenhersteller Europas auf.

Die Reichshauptstadt und ihre Vororte wuchsen um 1900 zum größten Standort der Elektroindustrie Deutschlands heran, und alsbald arbeitete von allen in dieser Industrie tätigen Deutschen jeder dritte in Berlin, in der Schwachstromindustrie sogar jeder zweite. Das Gebäude mit dem **AEG-Logo (15)** an der

Ecke Wilhelminenhof- und Edisonstraße war zunächst Produktionsstandort der **Deutschen Niles-Werkzeugmaschinenfabrik**, bevor die AEG nach dem Ersten Weltkrieg den Komplex für den Bau von Transformatoren übernahm und erweiterte. Der gelb verklinkerte Eckbau erinnert an die berühmte AEG-Turbinenhalle von Architekt und Industriedesigner Peter Behrens (1868–1940) in Moabit. Wenn wir uns rechts in die **Wilhelminenhofstraße** hineinbegeben, liegt auf der einen Seite ein Wohngebiet für Industriebeschäftigte, zu dem auch eine Arbeiter-Reihenhaussiedlung von Peter Behrens gehört (im Geviert Roedern-, Zeppelin-, Fontanestraße und An der Wuhlheide). Auf der anderen Seite wird die Industriebebauung einmal kurz von der **Lauffener Straße (16)** unterbrochen. Bis

Das an der Wilhelminenhofstraße gelegene Fabrikgebäude gehörte zum Komplex der AEG-Kabelwerke Oberspree. Als Monumente der deutschen Industriegeschichte stehen fast alle Gebäudeteile heute unter Denkmalschutz.

Die Spreeseite des Kabelwerks mit den linker Hand stehenden drei Schornsteinen des Kraftwerks Oberspree, von Niederschöneweide aus betrachtet.

ins Jahr 2010 verhinderte die falsche Schreibweise, „Laufener Straße", den eigentlichen Bezug zur Stadt Lauffen am Neckar. Am 24. August 1891 wurde vom dortigen Kraftwerk die erste Drehstromübertragung über eine 15 000-Volt-Freileitung zum Gelände der Internationalen Elektrotechnischen Ausstellung nach Frankfurt am Main freigeschaltet und somit bewiesen, dass die Übertragung elektrischer Energie mit Leitungen geringen Durchmessers über große Entfernungen möglich war. Die AEG investierte daraufhin in die Drehstromtechnologie mit großen Generatoren und Hochspannungsfreileitungen. Sie errichtete mit dem an seinen gelben Schornsteinen erkennbaren **Kraftwerk Oberspree (17)** die erste Drehstrom-Überlandzentrale Deutsch-

Das ab 1895 in
mehreren Bau-
abschnitten
errichtete erste
Drehstromkraft-
werk Berlins
zeigt an der
Wilhelminenhof-
straße Reliefs
mit Symbolen der
Elektrizität.

lands. Da reichlich Stromkabel unterschied-
lichster Größe gebraucht wurden, ließ die
AEG in der unmittelbaren Nachbarschaft ein
Kabelwerk (18) errichten, dazu gehörten auch
eine Drahtfabrik und Verwaltungsgebäude
(Wilhelminenhofstraße 76–78). Nach dem
Zweiten Weltkrieg wurde daraus ein volksei-
gener Betrieb. In der Nachwendezeit fast vollständig stillgelegt, zieht nun neues Leben ein:
Die **Hochschule für Technik und Wirtschaft (HTW)**
eröffnete hier im Oktober 2009 offiziell einen

Die Villa Erich Rathenaus, Sohn des AEG-Gründers Emil Rathenau, in der Wilhelminenhofstraße. Das Direktorenwohnhaus wurde von Architekt Johannes Kraaz 1901/1902 errichtet.

Die repräsentativste und älteste Anlage auf dem Waldfriedhof Oberschöneweide: die Grabstätte der Familie Rathenau, angelegt 1903/1904 von dem Architekten Alfred Messel und dem Bildhauer Hermann Hahn. Hier wurden Emil Rathenau, seine Ehefrau Mathilde und seine zwei Söhne Erich und Walther Rathenau bestattet.

neuen Campus mit direkt am Wasser liegender Bibliothek und Mensa mit Strandbar.

Kurz vor dem Ende der Wilhelminenhofstraße kommen wir noch an der **Rathenauvilla (19)** vorbei, die 1902 für Erich Rathenau, den zweiten Sohn des Firmengründers der AEG, gebaut wurde. Er war der erste technische Leiter im Kabelwerk Oberspree und wurde wie sein Vater Emil und sein 1922 ermordeter Bruder Walther im Familiengrab auf dem nahen

Waldfriedhof Oberschöneweide (Verlängerte Rathenaustraße) beerdigt.

An der **Ostendstraße 1–5** ist ein 70 Meter hoher Turm wie ein Rathausturm in ein repräsentatives Gebäude eingebaut, das der Architekt Peter Behrens für die **Nationale Automobil-Gesellschaft (NAG)** entwarf, eine sehr kurzlebige Tochter der AEG. Das Areal wurde von der AEG Röhrenfabrik Oberspree und von Telefunken übernommen, später als VEB Werk für Fernsehelektronik genutzt. Oberschöneweide war zu DDR-Zeiten das größte Ostberliner Industrieareal mit weit über 20 000 Beschäftigten. Dies alles ist Geschichte. Als Industriestandort hat Berlin kaum noch Bedeutung. In Oberschöneweide setzt der Senat neben der Industriedenkmalpflege auf die Ansiedlung

Blick über den von Architekt Peter Behrens 1916 realisierten Hallenblock IV (Press- und Stanzwerk) zum etwa gleichzeitig entstandenen Turm der ehemaligen Nationalen Automobil-Gesellschaft, ebenfalls von Behrens.

Das an der Spree gelegene, 36 Meter hohe Kranhaus am Ende der Paul-Tropp-Straße wird heute im oberen Teil für private Wohnzwecke genutzt, in der untersten Etage ist ein gemütliches Café eingerichtet. In der wärmeren Jahreszeit können Sie auch draußen sitzen.

von Bildungs- und Forschungseinrichtungen, um dem Industriegebiet eine Zukunft zu geben.

Nach dieser sehr weitläufigen Entdeckungstour noch ein Tipp zum Ausspannen: Am südlichen Ende der Wilhelminenhofstraße steht am Spreeufer ein **Kranhaus (20)**, das als Café genutzt wird. Vor allem in der wärmeren Jahreszeit können Sie von dort den Blick auf die spröde Industrielandschaft an der Spree richtig genießen.

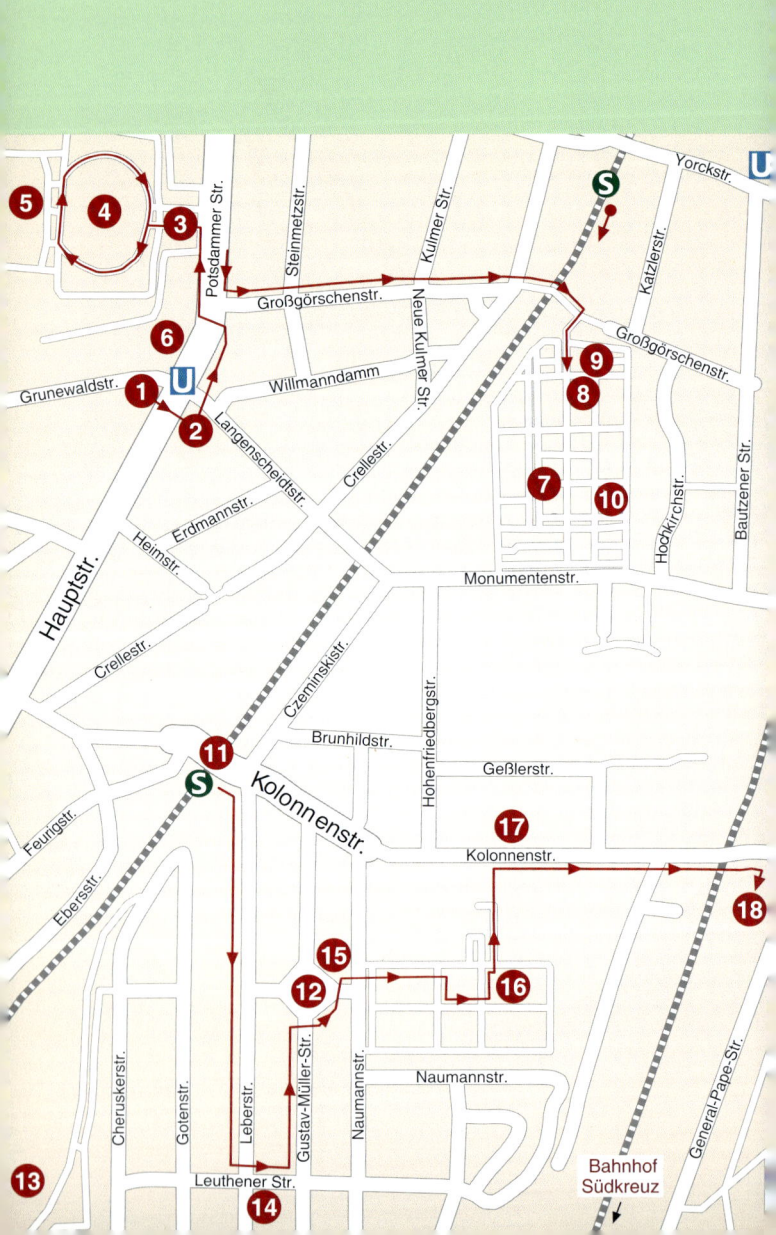

Die Rote Insel
Schöneberg

Südlich vom **U-Bahnhof Kleistpark (1)** lag das
1264 erstmals erwähnte Dorf Schöneberg, dessen alter Dorfkern 1760 im Siebenjährigen
Krieg fast vollständig zerstört wurde. Am Süd-
westrand der Reichshauptstadt Berlin gelegen,
entwickelte es sich in der Kaiserzeit sprunghaft,
erhielt 1898 das Stadtrecht, baute sich bis 1914
ein neues Rathaus und wurde 1920 Bezirk von
Berlin. Das Rathaus Schöneberg genießt seit
1948 Weltruhm: Seit der Spaltung Berlins war
es Sitz des Regierenden Bürgermeisters und
Tagungsort des Westberliner Abgeordneten-
hauses, hier läutete die Freiheitsglocke und
sprach John F. Kennedy 1963 seine berühmten
Worte: „Ich bin ein Berliner."
Aber wussten Sie, dass in Schöneberg auch
Rockgeschichte geschrieben wurde? Zwischen
1976 und 1978 lebte der Musiker David
Bowie am U-Bahnhof Kleistpark im Mietshaus in der **Hauptstraße 155 (2)**, Tür an Tür mit
dem Punkrocker Iggy Pop. In jener Zeit entstand das vollständig in Berlin eingespielte
und mittlerweile legendäre Album „Heroes".
Zwei Hausnummern weiter befindet sich eine
Pionierkneipe der Schwulenbewegung, eröffnet als **Anderes Ufer**, in der auch Bowie verkehrte. Heute heißt das Lokal **Neues Ufer**.
Von hier aus ist es nicht weit zu einem versetzten Baudenkmal: Die barocken **Königskolonnaden (3)** an der Potsdamer Straße gehören

Den Zugang zum Heinrich-von-Kleist-Park von der Potsdamer Straße bilden die 1780 vollendeten und bis 1911 hierher versetzten Königs-kolonnaden. Im Hintergrund das Berliner Kammergericht.

eigentlich gar nicht nach Schöneberg. Sie schmückten die Brücke über den alten Festungsgraben südwestlich vom Alexanderplatz, wurden 1910/1911 hierher versetzt und bilden nun einen Eingang zum **Heinrich-von-Kleist-Park (4)**. Hier befand sich der alte Botanische Garten von Berlin, bis er Anfang des 20. Jahrhunderts nach Dahlem umzog. Der öffentliche Park wurde 1911 zum 100. Todestag nach dem Dichter Heinrich von Kleist benannt. An seinem Westrand steht das um jene Zeit erbaute **Berliner Kammergericht (5)**. In Deutschland ist das im 15. Jahrhundert erstmals erwähnte Gericht das älteste, das bis heute ununterbrochen Recht spricht. Das Gebäude hat auch schon mörderische Verhandlungen gesehen: Hier fanden nach dem Hitler-Atten-

NS-Architektur am U-Bahnhof Kleistpark: Die Dienstgebäude für den Reichs-autobahnbau und die Deutsche Milchwirtschaft an der Ecke Pots-damer und Gru-newaldstraße wurden Ende der 1930er Jahre errichtet.

tat vom 20. Juli 1944 die Schauprozesse des sogenannten „Volksgerichtshofs" unter seinem berüchtigten Präsidenten Roland Freisler statt. Nach dem Zweiten Weltkrieg zog der Alliierte Kontrollrat für ganz Deutschland hier ein. Er löste mit dem Kontrollratsgesetz Nr. 46 vom 25. Februar 1947 den „Staat Preußen, seine Zentralregierung und alle nachgeordneten Behörden" auf. Die Königskolonnaden erinnerten an ihrem ursprünglichen Standort in der heutigen Rathausstraße in Mitte an den Einmarsch des ersten preußischen Königs nach seiner Selbstkrönung in Königsberg im Jahre 1701. So dokumentieren die beiden denkmalgeschützten und mittlerweile aufeinander bezogenen Bauwerke der Königskolonnaden und des Kammergerichts Anfang und Ende des Preußischen Staates.

An der **Potsdamer Straße 188–192 (6)** und bis zum U-Bahnhof Kleistpark stehen noch Hinterlassenschaften aus der NS-Zeit: das ehemalige **Dienstgebäude der Obersten Bauleitung der Reichsautobahn** und an der Ecke Grunewaldstraße die ehemalige **Hauptvereinigung der Deutschen Milchwirtschaft**. Mit der Potsdamer Straße 180–182, Ecke Pallasstraße, kommt noch das ehemalige **Zentralgebäude der Vermögensverwaltung der Deutschen Arbeitsfront (DAF)** dazu. Sie sollten nach Vollendung des gigantischen Umbaus von Berlin zu Adolf Hitlers Hauptstadt „Germania" an einer etwa zehn Kilometer langen Nord-Süd-Achse stehen. Die Pläne Hitlers und seines Generalbauinspektors Albert Speer drohten das benachbarte Stadtquartier der „Schöneberger Insel" auszulöschen, das wir erreichen, wenn wir jenseits der Potsdamer Straße durch die Großgörschenstraße in Richtung S-Bahnhof Yorckstraße (Großgörschenstraße) gehen und die Bahntrasse unterqueren.

Hier ist im 19. Jahrhundert mit dem Bau von Eisenbahnlinien ein dreieckiges Areal durch Schienenstränge eingeschlossen worden. Eine bevorzugte Baulage war die dadurch gebildete „Insel" nicht, zumal das Gelände nach Süden ansteigt. Wir befinden uns an den Ausläufern des eiszeitlich entstandenen Teltow-Plateaus, eines kleinen Höhenzuges, der über den Kreuzberg bis zur Neuköllner Hasenheide reicht. An seinem Abhang ist 1856 der

Der Hauptweg des Alten St.-Matthäus-Kirchhofs. Direkt am Wegrand das Mausoleum des Berliner Pelzhändlers Paul Herpich, einem dorischen Tempel nachempfunden. Links davon die Grabanlage des Kalibergwerkbesitzers Dr. Emil Sauer.

Alte St.-Matthäus-Kirchhof (7) angelegt worden, jedoch nicht um aus ästhetischen Gründen einen schönen Blick auf die ansteigenden Gräber und Mausoleen zu bekommen. Das Land war einfach billig zu haben, und so kaufte die Matthäus-Gemeinde ein Stück Friedhofsgelände im spitzen Winkel des Schienendreiecks. Ihre 1846 fertiggestellte Backsteinkirche steht anderswo, inmitten des Kulturforums zwischen Neuer Nationalgalerie und Gemäldegalerie, isoliert von ihrer ehemaligen Umgebung. Sie bildete einst das religiöse Zentrum des mit Villen und Sommerhäusern bebauten Tiergartenviertels, auch „Alter Berliner Westen" genannt.

Der Gemeindefriedhof wurde nach den Bestimmungen des Allgemeinen Preußischen Landrechts von 1794 angelegt: Beerdigungen in Kirchen und bewohnten Gegenden waren seitdem verboten. Dass der Alte St.-Matthäus-

Die Trauerkapelle des über 150 Jahre alten Friedhofs: Der hölzerne Bau von 1876 wurde 1909 durch den nach Plänen von Carl Tesenwitz errichteten repräsentativen Kapellenbau im Neostil ersetzt. In der Arkade die Figur des Namensgebers: der Evangelist Matthäus.

Kirchhof mehrfach erweitert werden musste, lag an seiner Popularität und der des Generalsuperintendenten Carl Büchsel, der erste Pfarrer von St. Matthäus. Auch Leute, die nicht zur Gemeinde gehörten oder im Tiergartenviertel wohnten, ließen sich hier, trotz erhöhter Grabgebühren, beerdigen. Dies führte im Jahr 1890 dazu, dass nur noch Bestattungen für Gemeindemitglieder der St. Matthäus-Kirche zugelassen wurden. Bis 1909 erhielt der Friedhof ein neues Eingangstor und eine größere **Trauerkapelle (8)**. In ihrer Mischung aus italienischer Renaissance und Barock sollte sie den hohen sozialen Status des Tiergartenviertels ausdrücken.

Links hinter der Kapelle befindet sich ein **Gedenkstein (9)**, der an die begonnene Aus-

An dem ehemaligen Standort des Grabmals der Familie Langenscheidt auf dem Alten St.-Matthäus-Kirchhof erinnern heute ein Gedenkstein und ein Graffito an der Rückseite eines Wohnhauses an die Verlegung vieler Grabstätten während der NS-Zeit.

löschung des Friedhofs im Zuge der „Germania"-Planung erinnert. Das Verwaltungsgebäude der Reichsversicherungsanstalt für Angestellte sollte hier entstehen, dafür wurden bis 1943 fast 4500 Umbettungen vorgenommen, hauptsächlich zum Friedhof der Berliner Stadtsynode in Stahnsdorf. So verschwand auch das Mausoleum der Verlegerfamilie **Langenscheidt**, an das ein Graffito an einer Hauswand erinnert. Über einen ansteigenden Weg kommen wir zum Ehrengrab des Kunsthistorikers und Schriftstellers Franz Kugler sowie einiger Männer des 20. Juli 1944 um Oberst Stauffenberg und damit zu der Grenze, ab der die älteren Grabanlagen aus der Zeit vor 1945 erhalten blieben. Auch dieser Friedhofsteil sollte der „Germania"-Bebauung geopfert werden, zum Glück kam es nicht mehr dazu. So sind die Grabanlagen der Frauenrechtlerin Minna Cauer, der Schriftstellerin Hedwig Dohm, des

Die in den 1870er Jahren errichteten Mausoleen auf dem Alten St.-Matthäus-Kirchhof in Schöneberg: links der Sandsteinbau für den Königlichen Hoflieferanten Wilhelm Neumeister, in der Mitte der rote Backsteinbau für den Eisenbahnkönig Bethel Henry Strousberg, rechts der Grabtempel des Kaufmanns Eduard Richter.

Unternehmers Carl Bolle, des Architekten Alfred Messel, des Arztes Rudolf Virchow und der Gebrüder Grimm – um nur einige zu nennen – erhalten geblieben. Auch das **Mausoleum des „Eisenbahnkönigs" Bethel Henry Strousberg** (1823–1884), Initiator und Erbauer zahlreicher privater Bahnlinien, steht noch an der östlichen Friedhofsmauer. Doch viele historische Grabstätten verfallen, und die Zahl neuer Bestattungen ist rückläufig. Die Verwaltung bemüht sich sehr um Grabpatenschaften und die Neubelegung alter Grabanlagen. Der Verein „Denk mal positHIV e.V." übernahm die Patenschaft für ein denkmalgeschütztes Grabmal, um eine Grab- und Gedenkstätte für an den Folgen von Aids Verstorbene zu schaffen.

Eine weitere Besonderheit des Friedhofs ist der im Jahr 2008 eingeweihte und künstlerisch eingefasste **Garten der Sternenkinder (10)**, ein zweiter kam 2010 weiter südlich hinzu. Es handelt sich dabei um eine Ruhe- und Trauerstätte für Kinder, die vor der Geburt sterben und nicht der Bestattungspflicht unterliegen. Auch Babys bis zum 12. Lebensmonat können beigesetzt werden. So erhalten Eltern unabhängig von ihrer Konfession einen Ort für ihre Trauer. Am Ausgang des Friedhofs befindet sich das **Café „finovo"**, das erste Friedhofscafé Berlins. Wer mag, kann eine Pause einlegen und in umfangreichen Sammelordnern mehr über den Friedhof und die bestatteten Personen nachlesen.

Vom **S-Bahnhof Yorckstraße (Großgörschenstraße)** fahren wir Richtung Wannsee zur **Station Julius-Leber-Brücke (11)**. Diese Strecke ist Teil der ältesten preußischen Eisenbahnlinie: Am 29. Oktober 1838 verkehrte der erste durchgehende Zug von Berlin nach Potsdam.

Auf der Julius-Leber-Brücke ist die Abschnürung der Schöneberger Insel durch die Bahntrasse besonders eindrucksvoll sichtbar. Ihre populäre Bezeichnung „Rote Insel" geht auf eine Anekdote aus dem Jahr 1878 zurück. Als der von einem Attentat genesene Kaiser Wilhelm I. nach Berlin zurückkehrte, hängte der Schöneberger Bierverleger Bäcker aus der Sedanstraße 22 eine rote Fahne aus seinem Fenster, anders als die kaisertreuen Berliner. Zu jener Zeit gab es nicht mal ein Dutzend Wohnhäuser auf der Insel. In den folgenden Jahrzehnten wurde der Begriff der „Roten

Insel" durch die politische Gesinnung der Bewohner bestätigt. Bei der Reichstagswahl 1903 stimmten in drei Wahllokalen etwa 70 Prozent der Wähler für die Sozialdemokratie. Erhebliche Konkurrenz bekam die SPD nach dem Ersten Weltkrieg, weil sich die Gegend auch zu einer Hochburg der Kommunisten und deren Jugendverband KJVD entwickelte. Mitglied der Schöneberger Jungkommunisten war der 1914 hier geborene Willi Stoph. Der gelernte Maurer trat 1931 in die KPD ein und brachte es als SED-Spitzenfunktionär bis zum DDR-Staatsratsvorsitzenden. Ende der 1920er Jahre lebte er mit seiner Mutter in der Sedanstraße. Die Straße war politisch hart umkämpft und wechselte mehrfach ihren Namen. Ursprünglich nach der Schlacht von Sedan 1870 im Deutsch-Französischen Krieg getauft, verherrlichte sie seit 1937 den NS-Märtyrer Franz Kopp, der auf der Insel erschossen wurde. Seit 1947 trägt sie den Namen des zwei Jahre zuvor hingerichteten Widerstandskämpfers Julius Leber.

Entlang der **Leberstraße** reihen sich Mietshäuser schier endlos aneinander. Dabei kam die Schöneberger Insel als Wohngegend nach der Reichsgründung 1871 zunächst kaum in Frage, denn es fehlten Wasserversorgung und Kanalisation. Erst Ende des 19. Jahrhunderts setzte eine regere Bautätigkeit ein. Im Jahr 1905 leb-

Blick von der Leberstraße zum Gustav-Müller-Platz mit dem Zentralbau der Königin-Luise-Gedächtniskirche. Das evangelische Gotteshaus wurde 1912 fertiggestellt und entstand nach Plänen des Friedenauer Architekten F. Berger. Zur Würdigung der Namensgeberin Königin Luise von Preußen fand die Grundsteinlegung zum Kirchbau in ihrem 100. Todesjahr 1910 statt.

ten auf der Insel bereits 30 000 Menschen. Für sie wurde die evangelisch-lutherische **Königin-Luise-Gedächtniskirche (12)** am von der Leberstraße aus zu erreichenden Gustav-Müller-Platz errichtet, ein Gotteshaus mit sechs Zugängen, das an die Tradition der Berliner Zentralbauten des 18. Jahrhunderts anknüpft. Die Kirche wurde 1912 am 136. Geburtstag der populären Preußenkönigin eingeweiht.

Über die leicht nach Süden abfallende Leberstraße gelangen wir zur Kreuzung mit der Leu-

Der die Insel beherrschende Gasometer Schöneberg von der Langenscheidtbrücke aus gesehen. Im Vordergrund die 2008 eröffnete S-Bahn-Station Julius-Leber-Brücke.

thener Straße. Von dort blicken wir rechter Hand auf eine riesige kreisrunde Stahlkonstruktion: Der **Gasometer Schöneberg (13)** ist das Wahrzeichen der „Roten Insel". Eine englische Gasgesellschaft errichtete nach 1871 für die Gemeinde Schöneberg eine Gasanstalt. Mit der Bevölkerung wuchs der Bedarf an Gas für Beleuchtungszwecke, Herde, Warmwasserboiler, Heizungen und die Industrie, sodass größere Speicherbehälter vonnöten waren. Bis 1910 entstand der Gasbehälter. Er ging erst 1995 außer Betrieb. Seit 2009 dient das 78 Meter hohe Industriedenkmal in den Sommermonaten als Aussichtsplattform mit einem fantastischen Blick über das Berliner Häusermeer. Das einzige Berlin-Gemälde des Malers und Bauhauslehrers Lyonel Feininger zeigt eine am Gasometer vorbeifauchende Lokomotive: Sie können es im Märkischen Museum anschauen (siehe S. 27).

Marlene Dietrich 1930 in ihrer berühmtesten Pose: als Sängerin Lola Lola in „Der blaue Engel", Josef von Sternbergs Verfilmung des Romans „Professor Unrat" von Heinrich Mann – ein internationaler Erfolg.

Die für die Filmdiva im Juli 2008 enthüllte Gedenktafel der Königlichen Porzellanmanufaktur, angebracht an ihrem Geburtshaus in der Leberstraße 65.

Sogar einen Weltstar hat die „Rote Insel" hervorgebracht! In dem recht unscheinbaren und seiner Stuckaturen beraubten Mietshaus **Leberstraße 65 (14)** erblickte am 27. Dezember 1901 **Marlene Dietrich** das Licht der Welt. Im November 1992, einige Monate nach ihrem Tod in Paris, wurde an ihrem Geburtshaus durch Privatinitiative eine Tafel mit einem Porträt der Schauspielerin enthüllt, gerahmt durch Titel von Filmen, mit denen sie weltberühmt wurde.

Der Eckbau Naumannstraße/ Gustav-Müller-Platz war die letzte Adresse des Theologen und liberalen Politikers Friedrich Naumann. Am Eingang des Hauses hängt eine an seinem 100. Geburtstag, dem 25. März 1960, enthüllte Gedenktafel.

Um 1905 entstanden in den Parallelstraßen Gustav-Müller- und Naumannstraße recht komfortable Mietwohnungen in Häusern, die mit ihren Vorgärten gutbürgerliche Atmosphäre ausstrahlten. Am Eingang des über Eck gebauten Wohnhauses in der **Naumannstraße 24 (15)**, gleich neben der Königin-Luise-Gedächtniskirche, hängt eine Gedenktafel, die an den Namensgeber der Straße erinnert. Der studierte Theologe **Friedrich Naumann** kam 1897 nach seinem Ausscheiden aus dem Pfarrberuf nach Berlin, um sich nun vollends auf seine publizistischen und politischen Tätigkeiten zu konzentrieren. Naumann war liberaler Reichstagsabgeordneter, heute trägt die Parteistiftung der FDP seinen Namen, und bewohnte von 1906 bis zu seinem Tod 1919 das Mietshaus. Beerdigt wurde er auf dem gegenüber gelegenen **Alten Zwölf-Apostel-Kirchhof (16)**, den wir von der Naumannstraße aus betreten können.

Ein typisches Grab des späten 19. Jahrhunderts auf dem Zwölf-Apostel-Kirchhof an der Naumann-straße: ein Grab-obelisk mit Bild-nismedaillon des Historikers und Politikers Maxi-milian Wolfgang Duncker (1811–1886), von einem Eisengitter einge-fasst.

Der Begräbnisplatz wurde 1864 angelegt, als niemand mit einer Wohnbebauung rechnete. Hier liegen bedeutende Bildhauer wie Reinhold Begas und Ernst Herter, Maler wie Carl Graeb und Anton von Werner, der Schriftsteller Ernst Wichert sowie Historiker und Politiker wie Max Duncker und Johann Gustav Droysen. Vis-à-vis der Friedhofsverwaltung am nörd-lichen Ausgang sehen wir in der Straßenflucht der Kolonnenstraße die **St.-Elisabeth-Kirche (17)**, ein 1911 vollendeter neogotischer Backstein-bau für die rund 5000 Katholiken, die auf der Insel ungewöhnlich stark vertreten waren.

Es ist kaum noch zu erahnen, wie stark das Leben dort bis zum Ersten Weltkrieg vom Mili-tär bestimmt wurde. Die Namen Kolonnen-straße und **Kolonnenbrücke** verweisen auf den Marschweg der Soldaten, die zum großen Exerzierplatz auf dem Tempelhofer Feld aus-rückten, dem späteren Flughafen Tempelhof.

Nahe der Kolon-
nenbrücke steht
unübersehbar der
Schwerbelas-
tungskörper der
Germania-Ideen
Albert Speers.
Der Betonblock
ist der einzige
noch existierende
gebaute Hinweis
auf die Giganto-
manie der natio-
nalsozialistischen
Stadtplanung.

Unterhalb der Kolonnenbrücke, zu der wir
rechter Hand der Kolonnenstraße gelangen,
befand sich seit 1875 ein Militärbahnhof, in
Richtung Süden erblicken wir links über der
Böschung rote Kasernenbauten entlang der
General-Pape-Straße. Wir verlassen die Schöneberger Insel ostwärts über die Brücke, dort
steht seit der NS-Zeit ein riesiges rundes Beton-
gebilde unverrückbar in der Stadtlandschaft.
Es handelt sich um ein Zeugnis des Größen-
wahns der „Germania"-Planung von Hitler
und Speer: Der **Schwerbelastungskörper (18)** mit
21 Metern Durchmesser, der 14 Meter in die
Höhe und 18 Meter unter die Erde reicht, sollte die Tragfähigkeit des Baugrundes testen.
Denn ein paar Meter weiter südlich plante
Albert Speer einen 117 Meter hohen und 170
Meter breiten Triumphbogen auf der imperia-
len Nord-Süd-Achse. Die „Rote Insel" sollte
vollkommen von der Bildfläche verschwinden.

Industriegebiet der Intelligenz
Quer zum Kurfürstendamm

Die westliche Berliner City um die Kaiser-Wil-
helm-Gedächtniskirche, den „Tauentzien"
und den Kurfürstendamm ist nicht nur eine
stark frequentierte Einkaufsmeile, sie hat auch
eine Tradition als „Industriegebiet der Intelligenz" – so nannte der Schriftsteller Erich
Mühsam in den 1920er Jahren die bei Künstlern und Journalisten äußerst beliebte Gegend.
Zwar wurde das legendäre Künstlerlokal
Romanisches Café an der Gedächtniskirche
im Zweiten Weltkrieg zerstört, aber es gibt
neue Treffpunkte wie das Literaturhaus in der
Fasanenstraße. Die prominenten Bewohner
lebten oft in den Seitenstraßen des Kurfürstendamms, deswegen stürzen wir uns nicht gleich
mitten ins Getümmel, sondern starten etwas
abseits am **U-Bahnhof Spichernstraße (1)**.
Dieser unauffällige Bahnhof wurde kurz nach
dem Bau der Berliner Mauer am 28. August
1961 eröffnet, zunächst als Endbahnhof. Mit
der Linie 9 entstand eine neue leistungsstarke
Verkehrsader im Westteil Berlins, der von der
alten City um die Leipziger und Friedrichstraße nun völlig abgeschnitten war. Die U9 ver-
band den Kurfürstendamm, das glitzernde
Schaufenster des Westens, mit bevölkerungs-
reichen Bezirken im Norden und Süden.
Wenn wir die Station über das Zwischengeschoss Richtung Schaperstraße linker Hand
verlassen, stehen wir vor einem großen gelben

Der lange Zeit
größte Schulkom-
plex im neuen
Berliner Westen:
das bis 1880
gebaute ehemalige
Joachimsthalsche
Gymnasium an
der Bundesallee
in Wilmersdorf.

Backsteinbau im Stil der italienischen Hoch-
renaissance. Das lang gestreckte Gebäude an
der Bundesallee 1–12, um 1880 errichtet, zeigt
in zwei Nischen über den Arkaden am Mittel-
risalit die Statuen von Platon und Aristoteles.
Dieser mächtige Risalit des **Joachimsthalschen
Gymnasiums (2)** schließt oben mit einem großen
Dreieckgiebel ab, in dessen Feld sich auch ein
Porträt des Kurfürsten Joachim Friedrich von
Brandenburg befindet, der 1607 die Eliteschu-
le für begabte Knaben in Joachimsthal grün-
den ließ. Zu den Schülern zählten der Dichter
Achim von Arnim, der Berliner Verleger und
Autor Friedrich Nicolai, der Schriftsteller
Georg Heym sowie der Journalist und Heraus-
geber der Zeitschrift „Die Aktion" Franz
Pfemfert. Nach einigen Direktoren wurden
benachbarte Straßen benannt: die Meierotto-,
Meineke- und Schaperstraße. Das seit 1636 in
Berlin beheimatete Gymnasium zog in der

Kaiserzeit aus der Altstadt in die damalige Vorstadtidylle des „Neuen Westens", weit außerhalb der Reichshauptstadt. Schule ist das Gebäude immer noch, wird aber jetzt von Studenten der Universität der Künste bevölkert.

Dahinter, an der Schaperstraße 24, ist 1963 ein moderner Theaterneubau für die **Freie Volksbühne (3)** nach Plänen von Fritz Bornemann eröffnet worden. Auch hier spielte die Situation der geteilten Stadt hinein, denn die alteingesessene, 1890 gegründete Volksbühne lag im Ostteil Berlins. Das Zentrum des neuen, doppelgeschossigen Hauptbaus bildet ein Zuschauerraum mit über tausend Plätzen, dem ein eingeschossiger Kassen- und Eingangstrakt vorgelagert ist. Durch große Fensterfronten haben die Besucher aus den Foyers einen schönen Blick auf imposante Kastanienbäume. Der erste Intendant war 1963 Erwin Piscator. Er hatte als kommunistischer Theateravantgardist in der Weimarer Republik an der alten Volksbühne Aufsehen erregt und war vor den Nationalsozialisten ins Exil geflohen. Aus Kostengründen schloss der Senat 1992 das Theater der Freien Volksbühne, als Bundeseinrichtung konnte es im Sommer 2000 unter dem Namen „Haus der Berliner Festspiele" wiedereröffnet werden.

Über den Fasanenplatz, am Ziegelsteinbau des ehemaligen **Lehrerhauses** des Joachimsthalschen

Das gutbürgerliche, über Eck von der Meierotto- bis zur Fasanenstraße gebaute Mietshaus war bis 1933 die letzte Wohnadresse von Heinrich Mann in Deutschland. Am rechten Eingang ist eine Gedenktafel für ihn angebracht.

Gymnasiums vorbei, kommen wir linker Hand zu einem noblen, über Eck gebauten Mietshaus, an dessen Fassade zur **Fasanenstraße 61 (4)** eine Berliner Gedenktafel aus Porzellan an den Schriftsteller Heinrich Mann erinnert. Schon der aufwendig von Dreiviertelsäulen gerahmte Eingang mit schmiedeeiserner, verglaster Tür und einsehbarer Treppenhausanlage verdeutlicht die gehobene Wohnlage. Kein Mieter musste ihn mit Fuhrwerken teilen, die zu den Arbeitsstätten auf dem Hinterhof rollten. Der seit 1928 in Berlin lebende Heinrich Mann lernte in einer Nachtbar nicht weit von hier die fast 30 Jahre jüngere Nelly Westphal kennen, die er später im französischen Exil heiratete. Mann, seit 1931 Vorsitzender der Sektion Dichtkunst der Preußischen Akademie der Künste und entschiedener Gegner der Nationalsozialisten, verließ Berlin am 21. Februar 1933 noch vor dem Reichstagsbrand – nur mit einem Regenschirm als Gepäck ging er aus dem Haus, um bei den auf ihn angesetzten Spitzeln keinen Verdacht zu erregen.

Überqueren wir nun die Lietzenburger Straße in Richtung Kurfürstendamm, flankieren weitere großbürgerliche Mietshäuser unseren Weg. Der Geheime Baurat Samuel Fritz Goldmann erwarb die heutigen Grundstücke **Fasanenstraße 67–72 (5)** und bebaute sie selbst zwischen 1898 und 1900 mit sechs Häusern. In der Fasanenstraße 68 wohnte Tatjana Gsovsky, eine international bekannte russische Ballettmeisterin, die zusammen mit ihrem Mann, dem Tänzer Victor Gsovsky, eine eigene Ballettschule führte. Ihre Nachbarin in Nr. 69 war zwischen 1931 und 1937 der dänische Stummfilmstar Asta Nielsen. Als sie mit fünfzig Jahren einzog, ging ihre große Karriere gerade zu Ende, der aufkommende Tonfilm brachte neue Stars wie Marlene Dietrich (siehe S. 110) hervor. Asta Nielsens Wohnung ist heute eine Pension, der Salon dient als Frühstückszimmer.

Ab 1928 lebte für zwei Jahre der deutschsprachige Schriftsteller russisch-jüdischer Abstammung Essad Bey im Haus Fasanenstraße 72 und verfasste seinen unter dem Pseudonym Kurban Said herausgegebenen ersten Roman „Öl und Blut im Orient". Eine Gedenktafel mit Profilbildnis unterhalb des Erkers erinnert seit 2008 an ihn.

Teile des soge-nannten Winter-garten-Ensembles in der Fasanen-straße: rechts das 1986 eröffnete Käthe-Kollwitz-Museum in einer Gründer-zeitvilla, links daneben die Villa Grisebach aus dem Jahr 1892, heute ein international bekanntes Auktionshaus.

Auf der gegenüberliegenden Straßenseite ent-stand als erstes Wohnhaus im Jahr 1871 die **Stadtvilla Fasanenstraße 24 (6)**, die später erwei-tert und zu einem repräsentativen Palais umgebaut wurde. Der Galerist und Kunst-händler Hans Pels-Leusden eröffnete 1986 hier das Käthe-Kollwitz-Museum. Nebenan in der Nr. 25 ließ der Architekt Hans Grisebach 1891/92 ein **Wohn- und Atelierhaus (7)** für sich selbst bauen. Die **Villa Grisebach**, seit 1986 ein Auktionshaus, hat sich weltweit einen Namen gemacht vor allem als Umschlagplatz für deut-sche und internationale Kunst des 19. bis 21. Jahrhunderts, seit 1998 auch für Fotografie. Das heutige **Literaturhaus Berlin (8)** in der Fasa-nenstraße 23 ist 1889 für den Korvettenkapi-tän, Teilnehmer der ersten deutschen Nord-

polfahrten und späteren Charlottenburger Abgeordneten Richard Hildebrandt und seine Frau Louise errichtet worden. Dass diese Villa noch steht und öffentlich zugänglich ist, verdanken wir einer Bürgerinitiative und dem Senat Westberlins, der das Gebäude erwarb und darin 1986 das erste Literaturhaus in Deutschland eröffnete. Es widmet sich der deutsch- und fremdsprachigen Literatur der Moderne und Gegenwart mit Lesungen und Ausstellungen. Seine Beliebtheit verdankt es auch dem Wintergarten, der als Café-Restaurant genutzt wird, und der im Souterrain befindlichen Buchhandlung „Kohlhaas & Company". Alle drei Baudenkmäler dieses durch einen Skulpturengarten verbundenen sogenannten Wintergartenensembles Fasanen-

Das erste, 1986 eröffnete Literaturhaus Deutschlands residiert in einer Villa aus dem späten 19. Jahrhundert in der Fasanenstraße 23. Ein Café und eine Buchhandlung komplettieren den literarischen Veranstaltungsort.

straße 23, 24 und 25 sind öffentlich zugänglich: ein Glücksfall für Spaziergänger.

Nach wenigen Metern erreichen wir den **Kurfürstendamm**, der auf Vorschlag Otto von Bismarcks ab den 1880er Jahren zum Boulevard nach Pariser Vorbild und zur Lebensader des „Neuen Westens" ausgebaut wurde. Der Reichskanzler a. D. meinte kurz vor Ende seines Lebens, wenn ihm die Berliner ein Denkmal setzen wollen, so wünschte er es sich nur am Kurfürstendamm. Der Straßenname leitet sich von einem teils durch sumpfiges Terrain führenden Knüppeldamm her, über den die brandenburgischen Kurfürsten zu einem ihrer großen Jagdgebiete gelangten, dem Grunewald mit Jagdschloss. Bismarck ahnte nicht, dass sich der „Neue Westen" nach 1900 zum Treffpunkt der intellektuellen Avantgarde entwickeln würde, die nicht allein gegen den kaiserzeitlichen Bombast der Bebauung opponierte.

Wenden wir uns zunächst nach links, um eine sehr schöne, aber versteckte Gedenktafel für Max Herrmann-Neiße zu suchen. Sie ist nicht gerade klein, hängt aber weit oben zwischen dem mit Neorenaissance-Elementen gestalteten Hauseingang **Kurfürstendamm 215 (9)** und einem mit einem Vorhangbogen bekrönten Hochparterrefenster. Der von Kindheit an bucklige und zwergwüchsige Dichter Max Herrmann zog im März 1917 mit seiner Frau

Eine Abbildung des Dichters Max Herrmann-Neiße aus den 1920er Jahren.
Am Kurfürstendamm 215, wo er mit seiner Frau Leni lebte, hängt seit 1956 aus Anlass seines 70. Geburtstags eine Bronzetafel mit seinem Profilbildnis.

nach Berlin. Seinem verwechselbaren Nachnamen hängte er den seiner Heimatstadt Neiße an. Herrmann-Neiße wurde von Samuel Fischer verlegt, bei dem er auch als Korrektor tätig war, weil er allein vom Schreiben nicht leben konnte. Der Dichter zog Ende der 1920er Jahre an den Kurfürstendamm ins Gartenhaus, in einer Zeit, als er regelmäßig mit eigenen Gedichten in Kabaretts aufzutreten begann – eines handelt vom Leben in den Literatencafés am Kurfürstendamm; selbst verkehrte er gegenüber im Café Wien:

Verflossne Bohemösen schaun verdrossen:
die Zeit ist schlimm und das Geschäft geht
schlecht.
Ach, gestern saß man noch auf stolzen Rossen,
heut weiß man nicht, ob wer den Mokka
blecht.

Kabarettblender hocken stolz Reklame,
Maler entflohn dem kalten Atelier.
Es teilt am Drehportal die Halbweltdame
Ihre Prozente mit dem Herrn Portier.

Wir kehren nun um und laufen Richtung
Gedächtniskirche. Am **Kurfürstendamm 217 (10)**
erinnert eine Gedenktafel an einen der bedeutendsten deutschsprachigen Schriftsteller, der
zum Studium nach Berlin kam und hier bis
1933 mit Unterbrechungen lebte und arbeitete: Robert Musil. Im Eckhaus zur Fasanenstraße bewohnte er die Pension Stern, bis er nach
Hitlers Machtantritt mit seiner jüdischen Frau
Deutschland verließ. Der große Publikums-
erfolg, der ihn auch finanziell unabhängig
gemacht hätte, blieb aus, deshalb wurde 1932
sogar die Musil-Gesellschaft gegründet, die
den Autor finanziell unterstützte, damit er seinen Jahrhundertroman „Der Mann ohne
Eigenschaften" vollenden konnte.
Schon 1919 gründete der bekannte Komponist Rudolf Nelson in diesem Eckhaus seine

Für „Die Lichter von Berlin" im Jahr 1927 und andere Revuen war Rudolf Nelson nicht nur Komponist, sondern auch Veranstalter. An der Ecke Kurfürstendamm und Fasanenstraße befand sich einst die Vergnügungs- und Unterhaltungsstätte der Nelson Künstlerspiele.

Nelson Künstlerspiele, in denen die beliebten Revuen gegeben wurden. Berühmtheit erlangte 1922 der Song „Tamerlan" aus der Revue „Wir steh'n verkehrt", die Verse dafür schrieb ein gewisser Theobald Tiger alias Kurt Tucholsky. Es war die Blütezeit der Unterhaltungsrevuen, die viel Publikum an den Kurfürstendamm lockten. Im Umfeld gab es genug Lokale, um den Abend und die Nacht ausklingen zu lassen. 1934 wurde der Revue-Theatersaal zum Kino Astor mit knapp 500

Plätzen umgebaut. Es schloss im Dezember 2002. Wie andere traditionsreiche Kurfürstendammlichtspielhäuser wurde es ein Opfer der Multiplexkinos, die damals in Berlin wie die Pilze aus dem Boden schossen. Jetzt führt der Eingang an der abgeschrägten Straßenecke mit Pilasterpfeilern in eine Boutique wie viele andere; schon in den frühen dreißiger Jahren des 20. Jahrhunderts charakterisierte der Feuilletonist Siegfried Kracauer den Kurfürstendamm als „Straße ohne Erinnerung".

Gegenüber, auf der anderen Straßenseite logierte der österreichische Journalist und Schriftsteller Joseph Roth besonders gern im **Hotel am Zoo (11)**, Kurfürstendamm 25, obwohl er die Straße nicht besonders mochte: „Ringsum an kleinen Tischen sitzt, in Kampfgruppen getrennt, die ganze Einheitsfront des westlichen Bürgertums, löffelbewehrt und siegreich im Kampf gegen Schokoladeneis, das auf dem schlüpfrigen Schlachtfeld aus Porzellan strategische Rückzüge vollführt." Ein paar Hausnummern weiter erinnert am **Kurfürstendamm 14/15 (12)** eine Gedenktafel an Roths „Arbeitslokal", die einstigen **Mampe-Stuben**. Dort arbeitete er 1932 an seinem Roman „Radetzkymarsch". Vorn an der Straße blieben im heutigen Lokal „Marché" historische Räume erhalten, in denen sich Roth mit seinem Verleger Gustav Kiepenheuer oder mit

Erhaltene historische Innenräume der alten Mampe-Stuben am Kurfürstendamm 14/15, einst Arbeitsort des Schriftstellers Joseph Roth um 1930 und Treffpunkt vieler anderer Berühmtheiten aus der Künstlerszene.

seinen Schriftsteller-Freunden Ludwig Marcuse, Ernst Weiß und Hermann Kesten traf. Zwischen dem Hotel am Zoo und den Mampe-Stuben lag an der späteren **Kranzler-Ecke** Kurfürstendamm/Joachimstaler Straße einst das berühmte **Café des Westens (13)**. Dort eröffnete 1895 ein Herr Kirchner das erste Café am Kurfürstendamm, das als „Café Größenwahn" bespöttelt wurde, weil die Gäste – mittellose Künstler, Weltverbesserer, Anarchisten und Bohemiens – den Bewohnern von „Berlin W(est)" suspekt waren. Im „Größenwahn", dem wichtigsten Künstlertreff um die Gedächtniskirche, gründete Ernst von Wolzogen das erste deutsche Kabarett „Überbrettl", Herwarth Walden den expressionistischen „Sturm" und Franz Pfemfert die pazifistische Zeitschrift „Die Aktion", verkehrten Maler wie Oskar Kokoschka und Ludwig Meidner, Literaten wie Alfred Döblin und Gottfried

Hinter dem 1950er-Jahre-Bau des Café Kranzler (ehemals „Café Größenwahn") an der Ecke Kurfürstendamm und Joachimstaler Straße ragt seit dem Jahr 2000 das 54 Meter hohe CityQuartier „Neues Kranzler-Eck" empor.

Benn. Die Dichterin Else Lasker-Schüler bezeichnete das Café als Heimat und „unseren Zigeunerwagen". 1932 zog eine Dependance des berühmten „Café Kranzler" in das kaiserzeitliche Eckhaus ein, das im Zweiten Weltkrieg zerstört und durch einen 1950er-Jahre-Bau mit einem neuen „Kranzler" ersetzt wurde. Nach der Schließung des „Café des Westens " im Juli 1921 verlegte die illustre Gesellschaft ihr Hauptquartier ins Romanische Café an der Gedächtniskirche, den „Wartesaal der Talente", wie es Erich Kästner nannte. Suchen Sie nicht danach, dort steht seit den 1960er Jahren das Europa-Center! Aber auch das „Kranzler" hat schon bessere Tage erlebt und existiert nur noch oben in der Rotunde. Doch war es gut genug als Namensgeber für den 54 Meter hohen gläsernen Komplex des Neuen Kranzler-Ecks, der die Proportionen am Kurfürstendamm ziemlich sprengt.

Dennoch gibt es auf seiner Rückseite einen Hof mit Voliere, deren Vögel auch nicht eben leise sind, aber es ist nicht der übliche Großstadtlärm, der einem entgegenschlägt. Kein Papier liegt herum, kein Zigarettenstummel, von Graffiti nicht eine Spur, keine Bettelei, kein Werbezettelverteiler, aber auch kein Straßenmusiker – es ist halt kein öffentlicher Raum, sondern ein privater mit Wachschutz, sauber und sicher, wie ihn sich viele wünschen. Einzelhandel und Gastronomie laden zum Verweilen ein.

Eine Neonreklame ist am Kurfürstendamm 12/13 vom 1948 eröffneten Nachkriegskino „Gloria-Palast" geblieben, das einen im Zweiten Weltkrieg zerstörten berühmten Vorgänger hatte. Dort wurde der erste deutschsprachige Tonfilm gezeigt und 1930 „Der Blaue Engel" mit Marlene Dietrich und Emil Jannings nach einer Romanvorlage Heinrich Manns uraufgeführt (siehe S. 110). Das „Marmorhaus", gegenüber am Kurfürstendamm 236, war das älteste Kino in dieser Gegend, es wurde 1913 eröffnet und erst kürzlich – wie das Astor – zum Klamottenladen umgewandelt. Selbst dem **Zoo-Palast (14)** an der Hardenbergstraße 29a, der 1957 als Berlinale-Kino eröffnet wurde, drohte 2005 der Umbau in eine Shopping-Passage. Glücklicherweise konnte das abgewendet werden, denn dieses Großkino ist

Der erste Thea-
terbau der neuen
westlichen City:
das 1896 voll-
endete Theater
des Westens von
Bernhard Seh-
ring, heute Musi-
calspielstätte.

nicht nur ein Zeugnis des kulturellen Wieder-
aufbaus, es markiert auch den Standort des
wichtigsten deutschen Uraufführungskinos bis
zum Ende des Zweiten Weltkrieges, des legen-
dären „UFA-Palast am Zoo".
Angesichts der Zerstörungen durch den Bom-
benkrieg um die Gedächtniskirche grenzt es
an ein Wunder, dass im **Theater des Westens (15)**
seit 1896 fast ununterbrochen Aufführungen
stattfinden. An der Kantstraße 12, die wir von
der Hardenbergstraße aus erreichen, stehen in
einer Nische des Sockelgeschosses zwei recht
locker gekleidete Frauen aus Marmor. Die beiden Personifikationen von Charlottenburg
und Berlin symbolisieren die ehemalige Selbst-
ständigkeit der beiden Städte. Immerhin war
Charlottenburg bis zur Eingemeindung nach
Berlin im Jahr 1920 die elftgrößte Stadt
Deutschlands mit über 320 000 Einwohnern.
Sie besaß ihre eigene City um den Kurfürsten-

damm, die in Konkurrenz zu dem Berliner Zentrum trat. Der Architekt und umtriebige Unternehmer Bernhard Sehring dekorierte sein Theater, das erste in der Gegend, mit einem zeittypischen Eklektizismus, einer Mischung aus Renaissance und Jugendstil an der Kantstraße und einer eher „altdeutschen" Rückseite aus Fachwerk und Backstein. Sehring war zugleich Betreiber des Theaters. Es rechnete sich nicht gleich, wurde daher bald zur Opern- und Operettenbühne umgewandelt und ist heute ein privates Musicaltheater. Nebenan ist 1927/28 für die „Delphi-Palast-Betriebe" ein Tanz-Café mit Terrasse und Garten gebaut worden, das gut in die damalige Vergnügungsindustrie passte. Das Gebäude wird heute vor allem als Delphi-Filmpalast genutzt.

Sehring selbst wohnte schräg gegenüber in der Fasanenstraße 13 im von ihm entworfenen, 1890 fertiggestellten **Wohn- und Atelierhaus St. Lukas (16)**, benannt nach dem Schutzpatron der Maler. Der mit diversen Türmchen, Aufsätzen, Skulpturen und Reliefs verzierte Bau beherbergte viele Künstler: den Bildhauer Max Kruse und seine Frau, die Puppenmacherin Käthe Kruse, die Bildhauerin Milly Steger, den Bildhauer Ludwig Manzel, der die Personifikationen am Theater des Westens schuf und zweimal Präsident der Königlichen Aka-

Der Brunnenhof des Künstlerhauses St. Lukas von Bernhard Sehring in der Fasanenstraße 13. Der Architekt selbst lebte in dem heute denkmalgeschützten Wohn- und Atelierhaus.

demie der Künste war, sowie Rudolf Marcuse, der als Bildhauer auch für Porzellanmanufakturen arbeitete.

Gleich um die Ecke, in der **Kantstraße 152 (17)**, würdigt eine Gedenktafel Carl von Ossietzky; wir sind seinem Denkmal bereits in Pankow begegnet (siehe S. 65). Er war der letzte Herausgeber der Wochenschrift „Die Weltbühne", die 1933 von den Nationalsozialisten verboten wurde. Viele Autoren der „Weltbühne" prägten das geistige Leben im „Industriegebiet der Intelligenz". Kurt Tucholsky hat sogar bei seinen Berlinaufenthalten im **Haus der „Weltbühne"** in der Kantstraße gewohnt.

Gegründet hatte die Wochenschrift Siegfried Jacobsohn, dessen Frau Edith seit 1924 einen Kinderbuchverlag führte. Eines Tages forderte sie einen der „Weltbühne"-Autoren, den aus Dresden stammenden Erich Kästner, dazu auf, ein Kinderbuch zu schreiben. So entstand

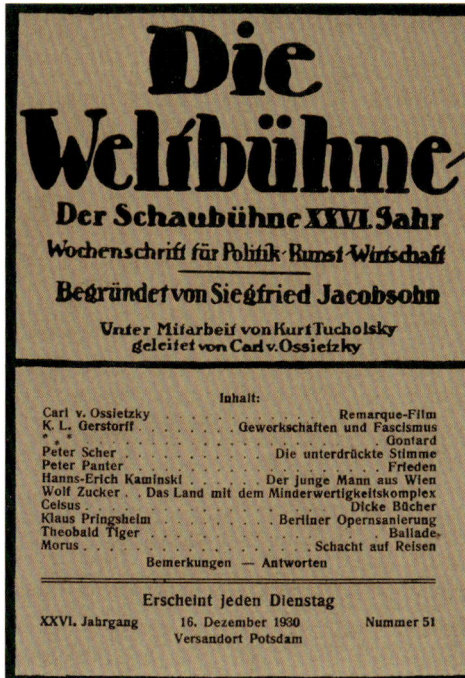

Titelseite der von dem Theaterkritiker Siegfried Jacobsohn gegründeten Wochenschrift „Die Weltbühne" vom 16. Dezember 1930. Der Verlag befand sich von 1927 bis 1933, dem Jahr, in dem die Weltbühne von den Nazis verboten wurde, in der Kantstraße 152.

„Emil und die Detektive", der berühmteste Berlinroman für Kinder.

Von hier ist es nicht weit zum Bahnhof Zoo, wo der kleine Emil im Roman aus dem Zug steigt, um den Dieb Grundeis zu verfolgen: „Und von allen Seiten Straßenbahnen, Fuhrwerke, zweistöckige Autobusse! Zeitungsverkäufer an allen Ecken. Wunderbare Schaufenster mit Blumen, Früchten, Büchern, goldenen Uhren, Kleidern und seidener Wäsche. Und hohe, hohe Häuser. Das also war Berlin."

Plakat der ersten
Verfilmung von
Erich Kästners
„Emil und die
Detektive" aus
dem Jahr 1931
nach einem
Drehbuch von
Billy Wilder.
Im Vordergrund
Schauspieler Fritz
Rasp als Dieb
Grundeis.

Oder Sie gehen die laute Kantstraße entlang
bis zum Savignyplatz, ein Zentrum des literarischen Lebens seit den 1960er Jahren. Sie finden dort noch die **Literatenkneipe „Zwiebelfisch"**
(Savignyplatz 7) und die Autorenbuchhand-
lung (Carmerstraße 10), können aber auch
gleich in die S-Bahn steigen und ein paar Stationen weiter westlich ein stilleres Lieblings-
quartier der Reichen und Kreativen kennen-
lernen: die Villenkolonie Grunewald.

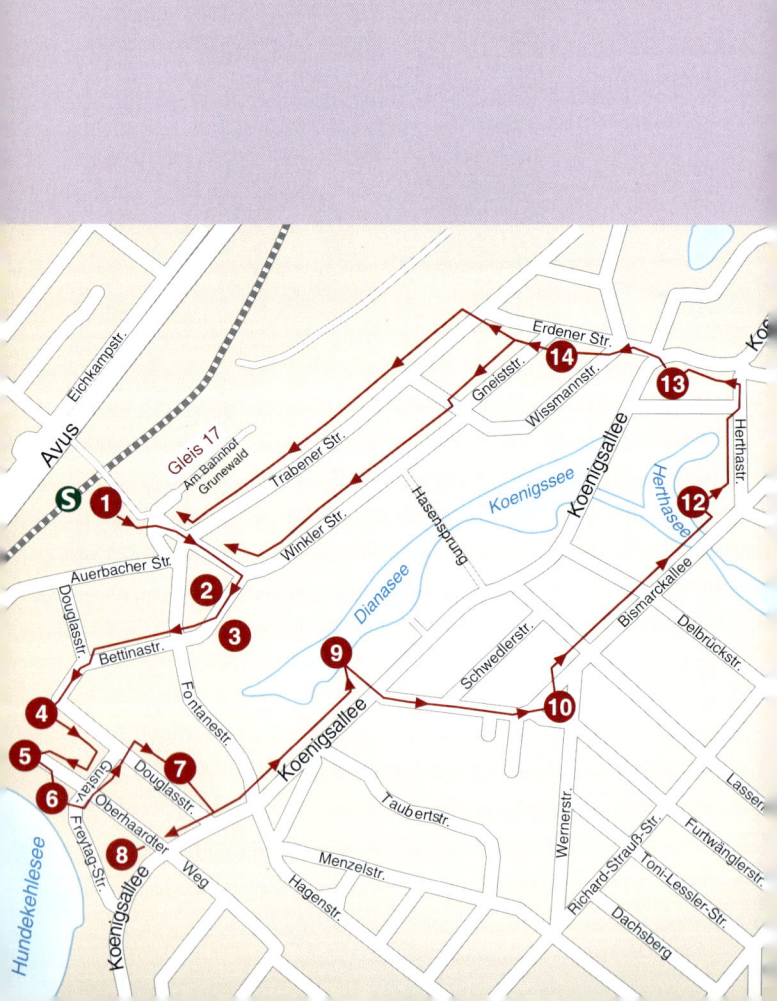

Geld und Geist

Die Villenkolonie Grunewald

„Die reichsten Berliner Familien wohnen für gewöhnlich im Grunewald. Man versteht eigentlich nicht warum. Ihre Villen in allen möglichen Stilen üppiger Hässlichkeit – vom exzentrischen Rokoko-Pavillon bis zur kubistischen Schachtel aus Glas und Stahl mit Dachterrasse – sind in diesem düsteren feuchten Kiefernhain zusammengepfercht", schrieb der britische Schriftsteller Christopher Isherwood in seinem 1939 erschienenen Buch „Goodbye to Berlin", der Vorlage für das Musical und den Film „Cabaret". Spöttisch nannte Isherwood die Villenkolonie Grunewald einen „Slum für Millionäre". Doch nicht nur Bankiers und Fabrikbesitzer, auch Autoren, Filmleute und Schauspieler lockten das viele Grün und die Steuervergünstigungen in den Südwesten des heutigen Berlins.

Ein entscheidender Grund dafür war die gute Verkehrsanbindung an die Innenstadt. Vom Kurfürstendamm fahren Busse durch die Villenkolonie, vom Alexanderplatz oder der Friedrichstraße sind wir rasch mit der S-Bahn am **Bahnhof Grunewald (1)**. Er war früher Teil eines größeren Schienengeländes mit Rangier- und Werkstattbahnhof, deshalb führt ein ungemütlich langer Fußgängertunnel zum repräsentativen Ausgang an der Fontanestraße. Die Bahnstrecke ist älter als die Villenkolonie, sie wurde ab 1877 aus militärstrategischen Gründen angelegt und – was heute niemand mehr weiß – als „Kanonenbahn" bezeichnet, da sie von Berlin in Richtung der französischen Grenze führte. Zwanzig Jahre nach Eröffnung der Bahnstation Grunewald, im Jahr 1899, war das heutige Empfangsgebäude fertiggestellt. Es passte sich mit seiner asymmetrischen Gestalt, der Hausteingliederung, der Fachwerkrahmung, der Bahnhofsuhr im Giebel und dem Holzsprengwerk in der Empfangshalle an die Villenbebauung der Umgebung an.

Auf der anderen Seite der Bahnlinie liegt der Forst Grunewald, ein 30 Quadratkilometer großer Stadtwald. In der Kaiserzeit wurde ein Teil des Wald- und Jagdgebiets, der östlich der Eisenbahnstrecke lag, vom Preußischen Staat zum Kauf angeboten. Die 1882 gegründete Kurfürstendamm-Gesellschaft, eine Immobiliengesellschaft unter maßgeblicher Beteiligung der Deutschen Bank, griff zu. Der von ihr begonnene Ausbau des Kurfürstendamms bekam einen Fluchtpunkt: Der Boulevard sollte in eine großbürgerliche Siedlung münden. Die Aktiengesellschaft kaufte 234 Hektar des Grunewalder Forsts und begann ab 1889 mit seiner Erschließung. Die Abholzung des Waldes fand ihren musikalischen Niederschlag in einem populären Couplet: „Im Grunewald, im Grunewald ist Holzauktion".

An der von Otto March 1894 im englischen Stil entworfenen Villa in der Bettinastraße 3 erinnert eine Gedenktafel mit Bildnis an den kaiserzeitlichen Erfolgsautor Hermann Sudermann, der das Haus von 1910 an bis zu seinem Tod 1928 bewohnte.

Aus der ersten Bauphase stammt eine rote Backsteinvilla an der **Bettinastraße 3 (2)**, die wir von der Winkler Straße rechts abbiegend erreichen und die sich sehr viel bescheidener ausnimmt als spätere Protzbauten. Der Architekt Otto March führte den Bau 1894/95 im Auftrag Hermann Rietschels aus. Der Rektor und Prorektor der Technischen Hochschule Berlin (heute Technische Universität) gilt als Begründer der Heizungs- und Klimatechnik und entwickelte den Rippenheizkörper. March hatte seit seiner Englandreise eine Vorliebe für die englische Landhausarchitektur, erkennbar am Kontrast von rotem Klinker und weißem Holz, in der Gestaltung der Dachzone oder der hohen Schornsteine. Hermann Sudermann, einer der meistgespielten Theaterdramatiker seiner Zeit, kaufte das Haus 1910, auf der Höhe seines Erfolges: An ihn erinnern ein Porträtrelief am Haus und eine große

Der Berliner Verleger Hans Ullstein: In der Bettinastraße 4 ließ sich der Seniorchef des Ullsteinverlags bis 1915 eine herrenhausähnliche Anlage errichten, in der er mit seiner fünfköpfigen Familie bis zu seinem Tod 1935 lebte.

Gedenktafel am Eingang. Heute ist Sudermann fast vergessen. Der gefürchtete Kritiker Alfred Kerr, ebenfalls ein Grunewaldbewohner, verspottete ihn schon zu Lebzeiten:

Du hast die Zeit (o Mann der Mache)
Zwar nie verstanden, doch genutzt;
Das Ewig-Gestrige, das Flache
Rasch mit „Modernem" aufgeputzt.

Viel pompöser als die Sudermannvilla ist der Wohnpalast schräg gegenüber auf dem Anwesen **Bettinastraße 4 (3)**. Der Verleger Hans Ullstein ließ ihn vor dem Ersten Weltkrieg für sich bauen. Er war Seniorchef des von seinem Vater gegründeten Pressekonzerns. Leopold Ullstein, der als Papierhändler begann, hatte zur Absicherung seiner Erben eine Zeitung samt Druckerei erworben. Seine fünf Söhne bauten das Unternehmen in der Kaiserzeit zum größten Medienkonzern Deutschlands aus. Die von ihnen verlegte „Berliner Morgenpost" erscheint immer noch täglich, heute allerdings bei Springer. Die schlossartige Villa von Hans Ullstein war nicht nur Wohnadresse für seine fünfköpfige Familie, sondern sollte seine Stellung als Pressezar repräsentieren. Durch seinen Tod im Jahr 1935 erlebte er die Zerschlagung des jüdischen Medienkonzerns nicht mehr. Nach dem Zweiten Weltkrieg gelang es der Familie Ullstein nicht, im Zeitungsgeschäft wieder Fuß zu fassen. Nur der Buchverlag mit der Ullsteineule überlebte und hat seit 2004 seinen Sitz wieder in Berlin.

In der Kaiserzeit durften im Grunewald nur 30 Prozent eines jeden Grundstücks mit einem maximal 15 Meter hohen Gebäude bebaut werden, außerdem schrieb die Bauordnung eine allseitige Fassadenausbildung mit zwei Vollgeschossen vor. Maximal zwei Häuser konnten aneinandergebaut werden, so wie im Fall der Doppelvilla **Douglasstraße 22/22a (4)**, die wir in Verlängerung der Bettinastraße erreichen. Am linken Hausteil ist eine Gedenktafel für Friedrich Wilhelm Murnau,

Der bedeutende Stummfilmregisseur Friedrich Wilhelm Murnau (1888–1931) bei der Arbeit. An ihn erinnert in der Douglasstraße 22/22a an der linken Haushälfte der Doppelvilla von Wilhelm Körner eine Gedenktafel aus dem Jahr 1989.

Regisseur des Stummfilmklassikers „Nosferatu", angebracht. Er hatte ein Liebesverhältnis mit dem im Ersten Weltkrieg gefallenen Bankierssohn der Familie Ehrenbaum, die Eigentümer von Nr. 22 war. Nach dem Tod der Eltern übernahm Murnau den Besitz. Er ging 1927 nach Hollywood und bekam für seinen ersten Film „Sunrise" (nach einer literarischen Vorlage von Hermann Sudermann) gleich drei Oscars.

Auf dem Weg durch die Villenkolonie kommen wir öfter an Fahnenmasten und Staatswappen vorbei: Zahlreiche Botschafterresidenzen sind seit der Vereinigung in alte Villen eingezogen, einige auch neu gebaut worden.

Die vom ungarisch-jüdischen Theaterarchitekten Oscar Kaufmann entworfene Villa am Gottfried-von-Cramm-Weg 33–37 wurde in den frühen 1920er Jahren errichtet. Der Art-déco-Bau wurde allerdings vom Auftraggeber Moritz Konschewski nie bezogen.

So wohnt an der **Gustav-Freytag-Straße 3** der Botschafter der Tschechischen Republik. Sportfreunde kennen den **Gottfried-von-Cramm-Weg**, benannt nach dem deutschen Tennismeister und mehrfachen Wimbledonfinalteilnehmer, der zum Tennisclub „LTTC Rot-Weiß Berlin" mit dem **Steffi-Graf-Stadion (5)** führt. Der Lawn-Tennis-Turnier-Club (LTTC) wurde bereits 1897 gegründet, passend zum elitären Charakter der Villenkolonie.

Für Berliner Verhältnisse völlig ungewöhnlich ist die schwungvolle Architektur der **Villa Konschewski (6)** am Gottfried-von-Cramm-Weg 33–37. Mitten im Inflationsjahr 1922 bekam der als Theaterarchitekt bekannte Oskar Kaufmann den Auftrag, für die „Cösliner Papierfabrik Aktiengesellschaft" eine Villa am Hundekehlesee zu bauen. Das zweigeschossige, ocker verputzte „Schlösschen" mit seinem doppelt gewalmten Dach und den ovalen

Gauben hat in seiner Mischung aus Rokoko und Art déco etwas Theatralisches. Benannt ist es nach Moritz Konschewski, dem Generaldirektor der Papierfabrik.

Nicht minder repräsentativ ist die **Villa Harteneck (7)** in der Douglasstraße 9, in die wir zurückkehren, die kurz vor dem Ersten Weltkrieg durch den Architekten Adolf Wollenberg für den Chemiefabrikanten Carl Harteneck erbaut wurde. Wir dürfen den Park mit Springbrunnen und Pergola betreten, er wurde von der Villa abgetrennt und der Öffentlichkeit übergeben. Die Westberliner Gartendenkmalpflege sorgte für die Rekonstruktion des historischen Gartens, als in den 1980er Jahren seine Parzellierung und Bebauung drohte. Damals war Westberlin eine Insel, der Baugrund knapp.

An der **Douglasstraße 10** hängt eine leicht zu übersehende Metalltafel am Zaun, dort wohnte seit 1930 Alfred Kerr zur Miete, der gefürchtete Theaterkritiker der Kaiserzeit und Weimarer Republik; weniger bekannt sind seine sprachartistischen Gedichte:

Knospen knallen, Blüten fallen,
Grunewald voll Nachtigallen.
Fragt das, rollt das, betet's, lockt's,
Klagt das, grollt das, flötet's, stockt's!

Die für Walther Rathenau erbaute fünfachsige Villa mit doppelt gewalmten Dach an der Koenigsallee 65 bewohnte er von 1910 bis zu seinem gewaltsamen Tod 1922; sie ist heute Sitz eines Verlages.

Seine Tochter Judith Kerr beschreibt in ihrem autobiografischen Kinderbuch „Als Hitler das rosa Kaninchen stahl" die Flucht der jüdischen Familie ins Ausland nach dem Machtantritt Hitlers. Kerr, der schon kurz vor dem Ersten Weltkrieg in der Villenkolonie lebte, war gut mit dem Industriellen, Politiker und Schriftsteller Walther Rathenau befreundet, der seit 1910 in der **Koenigsallee 65 (8)** eine Villa bewohnte. Von der Douglasstraße biegen wir dazu nach rechts in die Koenigsallee ein.

Schon bei Betrachtung des Hauseingangs wird deutlich, was der Sohn des AEG-Gründers Emil Rathenau war: Single. Durch die mittig in die Fassade gesetzte schlichte Holztür passt nur eine Person. Der künstlerisch veranlagte Hausherr hob in einem Brief selbstbewusst hervor: „Grundriss und alle Zeichnungen der Anlage sowie die Details habe ich selbst entworfen." Allerdings stand ihm der frühere AEG-Architekt Johannes Kraaz zur Seite. Rathenau wollte sich mit seiner Privatvilla vom Schwulst der wilhelminischen Architektur distanzieren: „Tausend missverstandene Formen quellen aus den Mauern dieser kleinbürgerlichen Behausungen", spottete er 1899 in einem Text über seine „Vaterstadt Berlin". Er verzichtete lieber auf überbordenden Stuck. Ein Spiralrankenfries zwischen Ober- und Untergeschoss zeigt seine Vorliebe für schlichte Ornamentierung und klassizistische Eleganz.

Anfang 1922 wurde Rathenau Außenminister der Weimarer Republik und von den Rechtsparteien heftig angefeindet, weil er einen Ausgleich mit den Siegermächten des Ersten Weltkriegs anstrebte. Am 24. Juni 1922 erlag er einem Anschlag von Rechtsradikalen, als er im offenen Wagen von seiner Villa zum Außenministerium in der Wilhelmstraße unterwegs war. Wir werden später noch an der Attentatsstelle vorbeikommen. Nach

Rathenaus Ermordung wurde aus dem Haus ein Museum. Die Nationalsozialisten räumten es aus, seither ist ein Teil von Rathenaus Nachlass verschollen. Der von Adolf Hitler protegierte Bildhauer Arno Breker bewohnte 1941/42 die Villa. Sonst lebten in der Villenkolonie wenige Nazigrößen, mit einer Ausnahme: SS-Führer Heinrich Himmler residierte nach seinem Umzug aus München in einer Villa in der Hagenstraße 22, die den Mitteldeutschen Stahlwerken gehörte.

Die nach dem Bankier und Mitbegründer der Villenkolonie Felix Koenigs benannte **Koenigsallee** bildet den Hauptstraßenzug der Wohngegend in Richtung Kurfürstendamm. Sie verläuft aber nicht gerade: Das Villenviertel Grunewald war die erste Siedlung im Berliner Raum, bei der die Straßenführung durch die Geländeform bestimmt wurde.

An der Koenigsallee haben einige Bankiers Grundbesitz erworben und prächtige Villen bauen lassen. In der im Zweiten Weltkrieg zerstörten Villa von Carl Fürstenberg, dem Direktor der Berliner Handels-Gesellschaft und Besitzer der Grundstücke Koenigsallee 51–55, wo jetzt Nachkriegsreihenhäuser stehen, verkehrten auch Alfred Kerr und Walther Rathenau. Der Direktor der Deutschen Bank, Max Steinthal besaß 1905 die Grundstücke in der Koenigsallee 45 und 47, aber nur noch auf

Blick über den Dianasee auf die Rückseite der Botschaft der Vereinigten Arabischen Emirate, die sich in der Winklerstraße 22 befindet. Das Seeufer ist bisher nur auf einem 280 Meter langen Weg öffentlich zugänglich.

letzterem steht die alte Villa. Das Haus Nr. 45 wurde Ende der 1980er Jahre abgerissen und mit einem höhere Rendite versprechenden Mietshauskomplex bebaut. Eine Gedenktafel erinnert an die Schriftstellerin Vicki Baum, die hier 1929 ihren Erfolgsroman „Menschen im Hotel" schrieb.

Links zwischen Alt- und Neubau führt ein schmaler, öffentlicher Weg über eine Treppenanlage zu einem besonders lauschigen Plätzchen. Versteckt hinter den Häusern liegt der

Die 1904 eingeweihte evangelische Grunewaldkirche von Regierungsbaumeister Philipp Nitze, spätgotisch gestaltet und mit seitlich gestelltem Turm, steht am Straßenknick der Bismarckallee. Unter anderem wurde hier der Theologe und als Widerstandskämpfer hingerichtete Dietrich Bonhoeffer 1921 konfirmiert.

Dianasee (9), einer von vier künstlichen Seen, die bei der Parzellierung der Villenkolonie angelegt wurden, um die Grundstücke attraktiver und teurer zu machen. Es gibt Fotos, die Vicki Baum mit einem alten Ruderkahn und ihren Söhnen hier zeigen. Über den See hinweg konnte sie die Ullstein-Villa an der Bettinastraße sehen. Vicki Baum arbeitete seit 1926 als Lektorin im Ullsteinverlag, dort erschienen auch ihre Unterhaltungsromane. „Die glücklichsten, interessantesten und fruchtbarsten Jahre meines Lebens", schrieb sie im Rückblick. Baum war eine der ersten gezielt aufgebauten Starautorinnen, das gab ihr die Möglichkeit, bereits 1932 in die USA zu emigrieren.

Vom Dianasee an die Koenigsallee zurückgekehrt, biegen wir in die Bismarckallee ein. Die **Grunewaldkirche (10)** am Straßenknick entstand mit einem seitlichen Chorturm bis 1904 als Hausteinbau in spätgotischen Formen. Ein Ziegelbau wäre wohl für die noble Siedlung zu gewöhnlich gewesen. Zum Zeitpunkt der Kirchweihung war die Villenkolonie schon fünf Jahre selbstständig: Am 1. April 1899, dem Geburtstag Bismarcks, wurde sie zur Landgemeinde erhoben. Damals lebten in ihr 3056 Menschen. Neben steuerlichen Vorteilen für ihre Bewohner hatte die Villenkolonie keine nennenswerten Ausgaben für kommunale Zwecke, vor allem für Schul- und Soziallasten, aufzuweisen. Ein Zentrum und eine intakte Infrastruktur besaß das luxuriöse Wohnviertel nicht. Für öffentliche Vergnügungslokale war eine gesonderte Genehmigung der königlichen Forstverwaltung erforderlich, und es durfte keine Gewerbebebauung geben. Nur kleine Läden und Werkstätten waren erlaubt, aber davon machte kaum jemand Gebrauch. Die Herrschaften ließen anliefern oder schickten die Dienerschaft in die weit entfernten Läden. Die **Bismarckbrücke**, mittig der Bismarckallee und zwischen Hertha- und Hubertussee gelegen, ist ein Entwurf des Bildhauers Max Klein, aufwendig und zeittypisch mit Obelisken, Vasen sowie vier Sphingen auf den Brüstungen geschmückt. Klein schuf auch die **Statue des Reichskanzlers Bismarck mit Hund (11)**, die 1897 am nördlichen Ende des Straßenzugs eingeweiht und – weil im Zweiten Weltkrieg einge-

Das bis 1898 errichtete Palais für die Bankiersfamilie von Mendelssohn an der Bismarckallee 23 ist nach schweren Weltkriegszerstörungen bis 1967 vom Johannischen Sozialwerk wieder auf- und umgebaut worden. Im heute St.-Michaels-Heim genannten Gebäude befinden sich neben einer Kirche ein Jugendgästehaus und ein kleines Hotel.

schmolzen – 1996 durch eine Nachbildung ersetzt wurde. Nach Überqueren der Brücke gelangen wir linker Hand auf ein Grundstück, das einmal dem jüdischen Bankier Franz von Mendelssohn dem Jüngeren gehörte. Das Palais Mendelssohn, entworfen vom kaiserlichen Oberhofbaurat Ernst von Ihne, wurde nach Weltkriegszerstörungen bis 1967 mit modernen Ergänzungen wieder aufgebaut und seitdem als **St.-Michaels-Heim (12)** mit Hotel und Jugendgästehaus genutzt. Betreiber ist das Johannische Sozialwerk, eine Einrichtung der 1926 von Joseph Weißenberg gegründeten Johannischen Kirche, die 1935 von den Nazis verboten wurde. Haus und Grundstück stehen Besuchern offen. Wenn wir durch den alten Haupteingang in die Villa eintreten, finden wir uns in einem hochherrschaftlichen Vestibül wieder. Dort hängen Porträts von Weißenberg und Bismarck, aber auch ein Bildnis des

Titelseite der
Abendausgabe
des „Vorwärts"
vom 24. Juni
1922. An die
Ermordung von
Reichsaußen-
minister Walther
Rathenau
erinnert ein 1946
aufgestellter
Gedenkstein
in der Kurve der
Koenigsallee,
dem Ort des
Attentats.

Philosophen Moses Mendelssohn, dessen
Grab wir in der Spandauer Vorstadt gefunden
haben (siehe S. 56). Der Hausherr Franz von
Mendelssohn war sein Urenkel. Versäumen
Sie nicht, in die ins Haus eingebaute Kirche
mit ihrer gläsernen Altarwand zu schauen. Sie
können aber auch in der Brasserie etwas trin-
ken und bei schönem Wetter auf der Terrasse
mit Blick zum Herthasee verschnaufen.

Über die Herthastraße gelangen wir wieder
zurück zur Koenigsallee und dem **Gedenkstein
(13)** für Walther Rathenau, der hier 1922 in
einer Straßenkurve ermordet wurde. Rathenaus wirtschaftspolitische Schriften sind von
Samuel Fischer verlegt worden, der in der
Erdener Straße 8 (14) wohnte, die gegenüber
von der Koenigsallee abgeht. In dieser Villa
konnte die anwachsende Autorenfamilie, zu
der Thomas Mann und Gerhart Hauptmann
zählten, und der befreundete Künstlerkreis

In der 1904/1905 erbauten Villa in der Erdener Straße 8 lebte Verleger Samuel Fischer bis zu seinem Tod 1934. Architekten der Villa waren Max Ravoth (1904/1905) und Hermann Muthesius (1911), der als Wegbereiter des modernen Funktionalismus gilt.

empfangen und bewirtet werden. Trotz seines jüdischen Gründers überlebte der S. Fischer Verlag, weil ein Teil von ihm 1936 durch den Schwiegersohn Gottfried Bermann Fischer ins Ausland gerettet werden konnte. Fischer, der 1934 verstarb, hat diese Turbulenzen nicht mehr miterlebt. Das literarische Leben flackerte nach dem Zweiten Weltkrieg noch einmal auf, als der Autor Hans Werner Richter im Haus eine Etage bewohnte und die von ihm mitgegründete „Gruppe 47" hier ihr 25-jähriges Bestehen feierte. Als das Gebäude 1975 verkauft wurde und der Senat sich desinteressiert gab, war die Chance leider vertan, ein Literaturmuseum einzurichten und die literarische Tradition fortzusetzen.

Kehren wir zum **Bahnhof Grunewald (1)** zurück. Wer sich für den Weg über die Winkler Straße entscheidet, kommt an den Residenzen des Botschafters der Vereinigten Arabischen Emi-

Das 1899 fertig-
gestellte Emp-
fangsgebäude des
Bahnhofs Grune-
wald von Karl
Cornelius passt
sich gestalterisch
der Villenbebau-
ung seiner
Umgebung an.

rate (Nr. 22) und des Norwegischen Botschaf-
ters (Nr. 15a) vorbei. Oder Sie gehen durch die
Trabener Straße, wo am Haus Nr. 16 eine
Gedenktafel für Isadora Duncan und Engel-
bert Humperdinck hängt. Die amerikanische
Tänzerin gründete 1904 im Grunewald eine
Tanzschule für Kinder und wurde dabei vom
Komponisten der Oper „Hänsel und Gretel"
unterstützt. Am S-Bahnhof führt rechts der
Weg „Am Bahnhof Grunewald" zu einem
Denkmal des Berliner Senats, das am 18. Oktober 1991 enthüllt wurde, dem 50. Jahrestag
des Beginns der Deportationen jüdischer Berliner in die Vernichtungslager. In Güterwag-
gons fuhren über 55 000 Mitbürger in den
sicheren Tod, viele davon vom Bahnhof Grunewald aus. Der Denkmalentwurf von Karol
Broniatowski besteht aus einer Bronzetafel
und einer langen Betonmauer mit Negativ-
abdrücken menschlicher Körper.

Am Ende der Zufahrtsrampe betreten wir eine weitere Denkmalanlage, das stille und eindrucksvolle **Gleis 17**. Die Umgestaltung dieses authentischen Ortes wurde von der Deutschen Bahn in Auftrag gegeben und das Mahnmal am 27. Januar 1998 eingeweiht, dem Datum der Befreiung Ausschwitz' im Jahr 1945. 186 Stahlgusselemente auf den ehemaligen Verladebahnsteigen nennen die Daten der Abtransporte, die Anzahl der Deportierten und die Bestimmungsorte. Alle Deportationszüge sind dokumentiert. Birken wachsen aus dem Schotter, es ist ruhig und meistens ist jeder Besucher hier mit seinen Gedanken und Gefühlen ganz allein, anders als auf dem viel besuchten Gelände des Holocaust-Denkmals am Brandenburger Tor.

Bahnhof Grunewald: Von hier aus erfolgte die Deportation Zehntausender jüdischer Berliner in die Vernichtungslager. Das Mahnmal des Berliner Senats wurde 1991 an der Zufahrtsrampe zum Güterbahnhof eingeweiht.
Rechts das aus Stahlgussschwellen bestehende und 1998 eingeweihte Mahnmal am berüchtigten Gleis 17.